# ADHD タイプの大人のための
# 時間管理プログラム
# スタッフマニュアル

監 修

中島美鈴　稲田尚子

著

中島美鈴　稲田尚子　谷川芳江

山下雅子　高口恵美　前田エミ

星和書店

# はじめに

　この本は、ADHD タイプの大人の方に広く「時間管理」に取り組んでいただくために、ワークブック*を使ってグループセラピーを実践するセラピスト向けに書かれたものです。

　この本には、ADHD と診断を受けた方、他の診断と併存して ADHD 傾向が疑われる方、診断はつかないけれど、ADHD 傾向で日常生活に支障が出ている大人の方の、「いつも時間ギリギリになってしまう」「間に合わない」「複数の物事を同時進行できない」「いつも時間に追われていてイライラしている」といったお悩みを解決するためのグループ運営について、セラピストとしてどんなことに配慮すべきか、どんな工夫が有効かがまとめられています。

　ワークブックの刊行後、これを実践しようとしたセラピストの多くから、「ワークブックを用いてどのようにグループセラピーを進めてよいかわからない」「参加者が宿題をしてこない場合にどのように対応すればいいだろうか」などの疑問や感想が寄せられました。実際、私たちも試行錯誤しながらグループセラピーを始めました。その際につまずいたこと、解決できたこと、解決できないままだったことなどを集めたのが本書です。執筆を担当したセラピストたちは皆、ADHD タイプの方の時間管理グループの運営に携わっています。本書には、複数のセラピストによる臨床現場のエッセンスがつまっています。

　こうした ADHD タイプの方の支援をこれから考えるセラピストの準備として、また、すでに支援にあたられているセラピストのふりかえりとして、本書を活用していただければ幸いです。

中島美鈴

---

* 本書で「ワークブック」と表記してある場合、『ADHD タイプの大人のための時間管理ワークブック』（中島美鈴，稲田尚子著，星和書店刊）を指します。

注：他の章でも参考になりそうなＱ（質問）には★マークをつけました。
　　例えば宿題についてなど、いくつかの章に関連する問題や、他の章に
　　も当てはまる回答が含まれているＱ＆Ａがあります。
　　共通する問題については★マークを手がかりに探してみてください。

# も く じ

序章

# プログラムを実践するまえに

## ✐ パート1：ADHDタイプの大人のための支援を
スタートする方へ

### ● ADHDとは

ADHD（Attention Deficit/Hyperactivity Disorder：注意欠如・多動症）は、多動性・衝動性・不注意の3つの行動を特徴とする発達障害です。ADHDでは、子どもの頃から、これらの行動特徴がみられます。しかしながら、子どもの頃にADHDの症状をもっていても、周囲のサポートなどでうまくカバーされている場合などは、問題が顕在化せず、大人になってからADHDの症状で仕事や社会生活、日常生活に支障をきたすことがあります。近年、これらは「大人のADHD」として知られるようになってきました。

### ● 有病率や併存症、その他よくみられる問題

我が国における大人のADHDの有病率は 2.09％であり（内山ら, 2012）、

まれな障害ではありません。ADHD は併存障害が多いことが知られており、不安障害（47.1％）、気分障害（38.3％）、物質使用障害（15.2％）などを伴うことがあります（Kessler et al., 2006）。また、ADHD と同様に発達障害に分類される自閉スペクトラム症（20〜50％、van der Meer, 2012）、学習障害（20.2％）、発達性協調運動障害（77.8％、Rasmussen & Gillberg, 2000）も併存することが多いという報告がそれぞれあります。大人の ADHD に対しては、ADHD 症状に加え、併存しやすい問題についても予防的に支援していくことが求められます。

## ● 推奨されている治療と認知行動療法の役割

大人の ADHD に対する複数の国際的な治療ガイドライン（NICE, 2018; CADDRA, 2018; BAP, 2006; DGPPN, 2003）では、共通して、治療の第一選択肢として薬物療法が推奨されています。一方、大人の ADHD の20〜50％が薬物療法に反応がみられないか、副作用などの有害な反応がみられ（Wilens et al., 2002）、並行して心理社会的介入が必要であるとされています。なかでも、費用対効果の点から、集団認知行動療法が推奨されています。

## ● 時間管理プログラムとは

本書では、ADHD タイプの方への認知行動療法として、『ADHD タイプの大人のための時間管理ワークブック』（中島・稲田, 2017）の時間管理プログラムをご紹介していきます。個人でも実施することができますが、以下はグループで実施する際におすすめのセッティングです。

『ADHD タイプの大人のための時間管理ワークブック』各回の構成

第 1 回…第 1 章　ADHD タイプが時間に追われる理由を知ろう

第 2 回…第 2 章　夜更かしをやめる／やる気を出す方法を学ぶ

第 3 回…第 3 章　気持ちのよい朝を過ごそう

第 4 回…第 4 章　忙しい夕方のバタバタを乗り切ろう

第 5 回…第 5 章　日中を効率よく過ごそう

第 6 回…第 6 章　面倒なことに重い腰を上げよう

第 7 回…第 7 章　あとまわし癖を克服しよう

第 8 回…第 8 章　これからの自分とのつきあい方

参 加 者：1 グループにつき 6〜8 名です。

実 施 者：グループリーダー 1 名、コリーダー 1〜2 名です。

実施方法：1 回 120 分、全 8 回のプログラムです。全 8 回の終了後 1〜2 カ月後にフォローアップを実施することが推奨されます。

宿　　題：毎回、プログラムで学んだスキルを生活場面で実践するための宿題が課されます。宿題を実施した写真などをグループリーダーに次の回の 1〜2 日前にメールで送ってもらう方法がとれると、宿題の実施状況の把握やフォロー、難易度調整が可能となります。プログラム当日に持ってきてもらう場合は、時間のロスを少なくするために、スムーズに提出ができるような工夫が必要です。

フォローアップセッション：プログラムが終了してからが本番です。フォローアップでは、参加者がプログラムで身につけた時間管理スキルをそれぞれの生活の場で使い続けるための工夫を話し合います。あらかじめ終了 2 カ月後などに設定しておくことをおすすめします。

## ● 時間管理プログラムで起こった変化

　ワークブック（中島・稲田，2017）を使った時間管理プログラムの効果を確認するための研究が行われてきています。予備的な検討としてすでに発表済みのものでは、ADHDの診断を受けている成人8名（平均年齢：39.80歳、女性：男性＝7：1）を対象として集団でのプログラムが実施されました（中島ら，2019）。ワークブック（中島・稲田，2017）は全8章で構成されており、プログラムは1回90分間、計8回、グループリーダー1名、コリーダー2名のもとで実施されました。対象者とその家族に対して、プログラム開始前、終了後、終了2カ月後の3時点で質問紙に回答してもらったところ、本人の回答結果からは、不注意／記憶症状、衝動性／情緒不安定などのADHD症状が、プログラム開始前から終了後、そして終了2カ月後で統計的に意味のある改善がみられました。ご家族からの回答結果からは、不注意／記憶症状について、プログラム開始前と終了後には変化はなかったものの、終了2カ月後には統計的に意味のある改善がみられました。この時間管理プログラムは、主に不注意症状の改善を目的としていますが、本人とご家族の双方にとって効果を認識していただけたという結果が得られました。一方で、効果を認識する時期および症状について、本人とご家族の間にやや違いがあることもわかりました。

　このプログラムは、現在までに小規模のランダム化比較試験が実施され、病院、クリニック、企業のメンタルヘルス相談室などでも活用されてきており、効果のエビデンスに関する知見が積み重ねられつつあります。

# 文　　献

Kessler, R.C., Adler, L., Barkley, R., Biederm an, J., Conners, C., Delmer, O., Faraone, S., Greenhill, L., Howes, M., Secnik, K., Spencer, T., Ustun, T., Walters, E., & Zaslavsky, A. (2006). The prevalence and correlates of adult ADHD in the United States: Result from the national comorbidity survey replication. *American Journal of Psychiatry*, 164, 716-723.

中島美鈴，稲田尚子（2017）．ADHD タイプの大人のための時間管理ワークブック．星和書店．

中島美鈴，稲田尚子，谷川芳江，山下雅子，前田エミ，高口恵美，矢野宏之，猪狩圭介，久我弘典，織部直弥，要斉，原田剛志，上野雄文，皿田洋子，黒木俊秀（2019）．成人注意欠如・多動症の時間管理に焦点を当てた集団認知行動療法の効果の予備的検討．発達心理学研究，30(1)，23-33．

Rasmussen, P., & Gillberg, C. (2000). Natural Outcome of ADHD With Developmental Coordination Disorder at Age 22 Years: A Controlled, Longitudinal, Community-Based Study. *Journal of the American Academy of Child & Adolescent Psychiatry*, 39(11), 1424-1431.

内山敏，大西将史，中村和彦，竹林淳和，二宮貴至，鈴木勝昭，辻井正次，森則夫（2012）．日本における成人期 ADHD の疫学調査：成人期 ADHD の有病率について．子どものこころと脳の発達，3, 34-42．

van der Meer J.M.J., Oerlemans A.M., van Steijn D.J., Lappenschaar M.G.A., de Sonneville L.M.J., Buitelaar J.K., & Rommelse N.N.J. (2012). Are autism spectrum disorder and attention-deficit/hyperactivity disorder different manifestations of one overarching disorder? Cognitive and symptom evidence from a clinical and population-based sample. *Journal of the American Academy of Child & Adolescent Psychiatry*, 51, 1160-1172.e3.

Wilens, T.E., Spencer, T.J., & Biederman, J. (2002). A review of the pharmacotherapy of adults with attention deficit/ hyperactivity disorder. *Journal of Attention Disorders*, 5, 189-202.

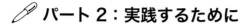

# ✎ パート2：実践するために

## ● 時間管理プログラムを始める前に準備しておくこと

　本書をお読みのみなさんが、これからグループセラピーを始めようと
するときには、まず何から準備を始めますか？　スタッフでしょうか。グ
ループの運営ができるような部屋を探すことでしょうか。

　本書で最初の準備としておすすめするのは、みなさんが時間管理を支援
しようとする対象とその目的を明確にすることです。

　どんな人を対象とするでしょうか。ADHDと診断される人の中にも、
傾向の強い方、軽めの方、うつ病などの併存症が重症の方、他の発達障害
を併存している方がいますし、知的な水準もさまざまでしょう。男性か女
性かも大きな要素ですし、年齢、既婚か未婚か、有職者か無職か、子ども
がいるかいないかも、グループを運営するうえでは非常に大きな要素で
す。参加者のこうした属性が同じであればあるほどグループの一体感は増
し、共感し合うことが容易になり、話し合いは活発になります。しかし、
なかなか均質なグループにするのは難しいでしょう。ある程度一致させた
うえで、違う属性をグループが変化するための力に変えることを目指しま
しょう。

　ところで、参加者が運営側の設定した対象であるかどうかをどのように
判断しますか？　事前面接をしますか？　それとも、集合して事前説明会
を行いますか？　主治医からの紹介に限定しますか？　グループの対象で
はないと判断した場合、それをどのように本人に伝えますか？　それを事
前に話し合っておく必要があります。

　グループの目的も非常に大切です。復職や就労がゴールという方もいま
すし、家事や育児をすること、ひとり暮らしをすることが目的の方もいま
す。さらに、仕事上高い水準を要求されている方もいれば、周囲からのサ
ポートの豊富な方もいます。参加者の属性はそろえられなくても、目的が

そろっていれば、一体感を生み出しやすくなります。「家事にまつわる時間管理」「仕事のための時間管理」などと目的をわかりやすくして募集をかけるとうまくいきます。

　対象と目的、この２つが定まれば、参加者の人数（6～8名ぐらいがおすすめです）、それに応じたスタッフ数（リーダーとコリーダーで２名いればよいでしょう）、テーブルと椅子のある適度な大きさの部屋、必要な教材や機材（ワークブック、宿題をシェアするための機材［パソコンやタブレットなどがあるとよいでしょう。できればプロジェクターも］）などが用意できるとよいでしょう。

　あとは、スタッフのトレーニングです。スタッフだけでロールプレイを一度でも事前にできれば心強いはずです。ADHD の方の特性に対応することだけでなく、グループを運営すること自体が初めてという方もいるかもしれません。そのような場合には、うつ病のための集団認知行動療法を学ぶことのできる研修に参加することをおすすめします（集団認知行動療法研究会ホームページには年に2、3回全国各地で開催される、初心者を対象にした基礎研修についての情報が掲載されています）。また、ADHDの方との個人セラピーを経験しておくことも非常に役立ちます。

　グループ運営の構造についても決めておくとよいでしょう。最も基本的な構造は、グループセラピーの事前打ち合わせと、グループセラピー後のふりかえりです。

　事前打ち合わせでは、「今日はこの２つのワークをしましょう」といった、その日にワークで扱おうとしている技法についてだけでなく、「参加者 A さんならこの技法に無理なくついていけるだろう。でも B さんはちょっと苦戦するかもしれない。先に A さんに当てて具体例を発表してもらえれば、B さんや他の参加者にもイメージが伝わって、理解が進むかもしれない」など、個々の参加者がその技法をどの程度理解できそうか、難しい場合にはどのように対応すべきかについても打ち合わせておきます。場合によっては、「今回のセッションでは、1週間を通じての時間の

使い方についてふりかえってもらうことが目標だけれど、Cさんにはそれが難しそうなので、1日分のふりかえりを目標にしよう」といったように、個々の参加者の現状に応じた目標を具体的に設定しておくと、リーダーとコリーダーが協力しやすくなるでしょう。

　目標設定の目安になるように、各回の目標には、次の3つの水準の目標例を掲載しています。スタッフ間で事前に参加者ごとの目標を決めるうえでの参考にしてみてください。


◉ **標準目標**（多くの参加者が目指す目標）
◉ **配慮目標**（グループ内で進展がやや遅めの参加者が目指す目標）
◉ **上級目標**（グループ内で進展が速い参加者向けのステップアップ目標）


　グループセラピー後のふりかえりでは、事前に設定した目標に到達できたかについて話し合います。グループの参加者が皆、平等に時間を使えていただろうか、それぞれが自分の問題に取り組むことができていただろうか、グループ内の関係性はどのようになっていただろうか、などについても話し合います。さらには、「正直、あの場面は司会進行がしんどかった」といったリーダーやコリーダーの主観も大切です。なぜなら、こうした主観から、自分がセラピストとして陥りやすい癖が浮き彫りになるからです。例えば、「あの場面は、すごく疲れた。これって、コリーダーと協力するのではなく、なんでもひとりで対応してしまう自分の癖だなあ」などの気づきが得られるでしょう。また、コリーダーから見た素朴な感想も大事です。「リーダーがDさんにだけものすごく気を遣っていたように見えたけど、どう？」などの助言があれば、リーダーも、「実はDさんがあまりに宿題をしてこないことが気がかりだった。でもそれを話題にすることには遠慮があったんだ」と自分の隠れた気持ちに気づくことができるかもしれません。

　このセッション前後の話し合いの時間を短くてもよいのでとっておくこ

とで、リーダーとコリーダーは自分たちのグループを冷静に見つめられますし、自分では気づかなかった参加者の一面を発見することができます。

また、こうしてスタッフ間で参加者に対しての共通の理解を持ち、共通の対応を話し合うことで、グループをよりよく運営することができます。

第 **1** 章

# ADHD タイプが時間に
# 追われる理由を知ろう

## 第 1 回の目標

◉ **標準目標**（多くの参加者が目指す目標）

❶ ワークブックを見ながら、参加者自身の ADHD の特性と時間管理
の関係について考えたことを語り、理解する。

❷ 自分のこれまでの時間管理の状況についてふりかえる。

◉ **配慮目標**（グループ内で進展がやや遅めの参加者が目指す目標）

❶ 他の参加者の体験談を聞いて自分にあてはまるものを探し、自分
の特性について理解する。

❷ 自分のこれまでの時間管理の状況についてチェック表（ワークブッ
ク p.12〜14）に回答し、記録を残しておく（第 8 回で同様のチェッ
ク表を用いるときに比較できるようにしておく）。これまでの自分
の時間管理を全体的に把握できなくても、1 つのエピソードでも思
い出すきっかけにできればよい。

◉ **上級目標**（グループ内で進展が速い参加者向けのステップアップ目標）

❶ ワークブックを見ながら、ADHD の特性のうち自分にあてはまるものがないかどうか確認し、過去の時間管理にまつわるエピソードをいくつか思い出し、それを ADHD 特性と関連づけて理解する。

❷ 自分のこれまでの時間管理の状況の中でも、効果的な方法とそうでない方法について整理する。

❸ 特に変化が必要な時間帯について自覚する。

# 第1回の進行例

| 120分 | セッションの概要 |
|---|---|
| 10：00～<br>（30分） | ルールの確認　グループの説明<br>日程確認　自己紹介 |
| 10：30～<br>（60分） | ❶時間管理とは（p.2～5）*／❷ADHDタイプとは（p.6～8）／<br>❸ADHDタイプにとって、なぜ時間管理は難しいのか（p.9～11）<br>`①～③全体で30分`<br>・シェア：時間管理に関するエピソードを発表<br>❹1日の時間管理をふりかえる（p.12～23）`❹全体で30分`<br>・これまでの時間管理をチェックして記入（p.12～15）`事前課題`<br>・シェア：各自の時間管理の一工夫を発表（p.12～15）`1人1分`<br>・ワーク：なりたい自分を描く：目標設定（p.16～23）`事前課題`<br>・シェア：なりたい自分のイラストをシェアしながら発表<br>　（p.16～23）`1人1分` |
| 11：30～<br>（15分） | ❺時間管理に必要なスケジュール帳（p.24～28） |
| 11：45～<br>（15分） | 宿題の設定<br>・宿題①：スケジュール帳を購入する（p.29）<br>・宿題②：睡眠記録をつける（p.30～31）<br>シェア：今日学んだことと感想を発表　`1人1分` |
| 12：00 | 次回予告 |

* 表内のページはワークブックのページを表します。以下同様。
* `事前課題`と書かれたものはセッションまでに参加者に記入
　しておいてもらう課題です。

## 第1回のつまずきがちな点と対処法 Q&A

以下のつまずきがちな点について見ていきます。

Q1　目標が浮かびません

Q2　高い目標ではありません！

Q3　グループセッションに遅刻してしまいます

Q4　スケジュール帳をなくしてしまいます

Q5　カレンダーアプリではだめですか？

Q6　最近スケジュール帳を買ったばかりです

Q7　毎日予定が変動して計画が立てられません

# Q1 目標が浮かびません

目標設定の際に、すぐには明確な目標が浮かばない参加者がいます。プログラムに自らの意思ではなく、家族や上司の勧めで参加されている方などで、動機づけは低いようです。日常の時間管理は周囲の人のサポートでなんとかなっているという参加者に対して、どのように目標設定を支援していけばよいでしょうか。

## A1 「時間管理とは何か」について、一緒にふりかえってみましょう

あらためて、セッションの場で「あなたの目標は何でしょう」「どうなりたいですか」と尋ねられても、案外答えにくいものです。日々の生活に追われ、自分では気づかないほど周囲のサポートを受けている状態にあるなら、なおさらではないでしょうか。ワークブック p.2〜5 の「時間管理とは」を開いてみましょう。チェックと回答にご本人の困り感が反映されているようでしたら、その場面や状況を起点に一緒に目標設定を考えてみるのもひとつの方法です。目標設定を行うプログラム初回を、参加者に「一緒に考えてくれる人のいる場所なんだ」という安心感を体験してもらう機会と捉えてみてください。

## A2 周囲の人からよく受ける言葉かけを思い出してもらいましょう

上記の A1 の方法ではなかなか目標設定が難しい場合には、次のような方法で目標を設定するのもひとつの手です。

参加者がふだん家族や上司から時間管理に関して「早くして」や「まだ終わってないの」などの言葉をかけられていないか、思い出してもらいましょう。ADHD タイプの人は、幼少期からさまざまな場面で不得意な部

分を周囲から指摘され、場合によっては叱責を受け続けています。例えば、「早くしなさい」「何度言ったらわかるの」などの言葉かけはよく体験されるもののひとつです。長期間その状態が続くと、「自分の生活を変えようとしても、それは無理だろう」という非機能的な思い込みを抱く場合があります。参加者が周囲のどんな言葉かけに最も反応しやすいか、確認してみましょう。新しいことに取り組むときにはたいてい不安がつきまとうものです。これまでの慣れ親しんだパターンを続けるのか、変更したいのか、変更する場合にはどう変えたいのかを一緒に考えましょう。周囲にせかされてきた参加者が、そこで求められていた課題は何だったでしょうか。その点への気づきをグループの中で扱うことは、自己理解を促すためにも大切なプロセスと考えられます。

# A3 断りきれずにグループに参加しているのかを確認してみましょう

初回セッションでは、「①時間管理とは（ワークブック p.2～5)」「②ADHD タイプとは（ワークブック p.6～8)」でこのグループセラピーの目的と内容について心理教育を行います。断りきれずに参加していても、初回セッション時に参加者の日常場面に沿った具体的なイメージを伝えることで、興味を示される方は多いものです。また、周囲の勧めで断りきれずに参加している場合、大きく分けて2つのタイプが想定されます。

❶ 問題意識がある場合

問題意識があるけれど目標を書けない場合には、目標設定が高すぎて重い腰が上がらない、回避行動として先延ばしにしている、などの可能性があります。ご自身で問題に気づいた点をしっかりフォローして、参加への動機づけを高めましょう。時間管理のメリット・デメリット分析を行ったり、次の Q2「高い目標ではありません！」(p.18) を参考にしてみてください。

❷ 問題意識がない（低い）場合

　問題意識がない（または低い）場合、「自分に問題があることを認めてしまったら、その責任を自分で負う羽目になる。もし、私が変わったら、これまでの自分を否定することになる」というふうに、その根底には非機能的な信念の存在があるかもしれません。防衛的な態度が強い場合には、まずは治療同盟をスタッフとつくることを優先しつつ、現状での時間管理のメリット・デメリットを分析してみましょう。

# Q2 高い目標ではありません！

　目標設定のところで、プログラム終了時までには達成できそうにない高すぎる目標を立てる参加者がいます。こちらから「その目標は高すぎませんか？」などと言えば、「別に高い目標ではありません。このくらい当たり前です」と言うばかりで、困ってしまいます。

# A1 まず、「目標を立てたこと」をねぎらいましょう

　「目標を設定すること」は、このプログラムを最後まで継続するための大切なポイントです。できれば本人がプログラム期間内に達成できそうな目標を参加者には設定してもらいたいところですが、現実にはなかなか難しいものです。というのも、「目標設定が高すぎる」参加者の背景には、このプログラムへの高い期待感や、困っている現状をなんとか打開したいなどの焦りや困り感などがあるからです。

　まず、「目標を設定することは、このプログラムに取り組んでいくための、とても大切な作業です」「意欲的に取り組んでおられますね」などと肯定的に評価します。そしてさらに、このプログラムを続けるための「目標設定のポイント3つ」として、

① 具体的な行動であること、
② 第三者がその目標を聞いて映画のように視覚的にイメージできること、
③ 最初は、全くできていない行動より、今まで時々できていた行動（芽生え行動）のほうが取り組みやすいこと、

を伝え、「このプログラムを有効に活用するために、ご自分の立てた目標について見直してみましょう」と参加者に促してみましょう。

# A2 「目標が高すぎる」と評価した理由を整理しましょう

❶ 参加者が、やったことがないことを目標としている。

　➡ 「目標設定のポイント３つ」を参加者に伝えて、目標を見直して
　　もらいましょう。また、参加者には自身の目標行動がイメージで
　　きていても、スタッフには、目標行動がわかりにくいこともあり
　　ます。そんなときは、「この目標について、もう少し教えてもらっ
　　てもいいですか？」などとスタッフから声をかけて、参加者の具
　　体的な目標行動を拾い上げて、フィードバックしていきましょう。

❷ 「朝、子どもがぐずぐずせずに家を出る」「上司が口うるさく言わな
　い」など、自分以外の人の行動を目標としている。

　➡ 「このワークの目的は、ご自身の時間管理ができるようになるこ
　　とです。目標を文章で書くときは、主語を『私』にして書き出す
　　と、自分がする行動を見つけやすいですよ」などと声をかけま
　　しょう。

❸ プログラム中に取り上げられないほどのたくさんの目標を挙げてい
　る。

　➡ まず、目標設定に意欲的であることを評価しましょう。そして、
　　「プログラムを行う２カ月間で達成できそうな目標を選びましょ
　　う」「それでも選べない場合は、目標に優先順位をつけてみましょ
　　う」などと促してみましょう。

❹ 「遅刻しない」「遅れない」など、否定形の目標で、具体的な目標設
　定が見えにくい。

　➡ 「遅刻しないために〜をする」など、肯定文で目標となる行動を
　　書いてみるように勧めましょう。

# Q*₃  グループセッションに遅刻してしまいます

グループセッションに毎回のように遅刻する参加者がいます。病院でも美容室でも、予約した時間に間に合ったためしがないそうです。このプログラムを受講して時間管理を学びたいけれど、ここでもやはり開始時間に間に合うように来ることができないそうです。

## A₁  参加者の気持ちに寄り添いましょう

「時間管理グループ」プログラムの特に前半では、このような経験をされている参加者がグループに数名いるかと思います。また、そのような参加者は、今までも時間に間に合ったためしがなく、大変な思いや苦労をされてきたことでしょう。まず、「よく来られました」と参加者ができていることを評価し、「今まで大変でしたね」と、これまでの労をねぎらいましょう。そして、スタッフから「このグループで時間管理ができるように、今できることや宿題に一つ一つ、一緒に取り組んでいきましょう」と声かけをしましょう。

## A₂  問題解決のプロセスに目を向けましょう

「『遅刻せずにグループに参加する』を宿題にしてみては？」と考えるスタッフもいるかもしれません。もちろん、参加者が「時間に間に合う自分」をイメージすることは、このグループに参加する動機づけにもなりますし、具体的な目標として役立ちます。しかし、まずスタッフがやるべきことは、なぜ遅刻するのかを分析することです。そのためには、第2回以降のテーマと絡めて、「朝起きてから出かけるまでの時間」「電車の遅れなど突発的な事態に備える時間」などを逆算して予定を立て、実際にタイム

ログをつけてもらい、その参加者が遅刻する原因を明確にします。そのうえで、解決策を見つけ出す手助けをしましょう。

# A3　グループの力を活用しましょう

　グループの参加者同士でアイデアを出し合うことも役に立ちます。まだプログラムも始まったばかりで、「時間に間に合わない自分」を自己開示するのは難しいかもしれません。そのようなときは、スタッフから時間に間に合った参加者に「今日、グループの開始時間にどうやって間に合うことができたのでしょうか。秘訣や工夫された点はありますか？」と尋ね、問題解決の糸口を引き出すことも、他の参加者が時間に間に合うようになるためのヒントになるかもしれません。

# Q4 スケジュール帳をなくしてしまいます

スケジュール帳をなくしてしまう参加者がいます。よくよく聞いてみると、スケジュール帳の置き場や持ち歩き方が決まらないそうです。どのように対応したらよいでしょうか。

## A1 置き場所と活動を一対一対応させる工夫を考えてもらいましょう

参加者と一緒に置き場所を考える以前に、スケジュール帳を開く「スケジュール帳タイム」（ワークブック p.25）はいつなのかを考えてもらうようにします。使う道具と場所を最もシンプルに管理する方法は、「場所＝道具」と対応させることです。例えば、歯ブラシはどこに置きますか？ 多くの人は歯磨きをする場所に置いていると思います。スケジュール帳の置き場＝スケジュール帳を開く場所として決めてもらうというのはどうでしょうか。

❶ 職場や学校など、自宅以外で「スケジュール帳タイム」を設けている方

自宅ではスケジュール帳を開かない、という人は、自宅で無理に置き場を決める必要はないかもしれません。使うときだけ出して、終わったら職場や学校で使っているバッグの中にポンと入れる。バッグの中を見ればそこにあるという状態をつくることは、「探し物時間」を減らすカギになります。

❷ 自宅で「スケジュール帳タイム」を設けている方

主に自宅で過ごす人の場合、自宅での定位置を考えてもらいましょう。台所？ ダイニング？ テレビの前？ 自室？ 場所が特定できたら、次に

「それはいつ・何をする時間帯なのか」を特定しましょう。スケジュール帳タイムはいつ・どこで・何をする時間に設定されていたのかを確認しながら場所を決めていきましょう。参加者自身が活動する姿を思い描けるような質問を工夫することで、置き場所・持ち歩き問題を解決する糸口が見えてきそうです。

## A2 すでに自分の定位置が荷物であふれている場合、どこか1カ所を片づけることを提案してみましょう

スケジュール帳タイムも定位置も把握できたけれど、すでにその場所には荷物が山積み、という場合もあるかと思います。例えば、ダイニングテーブルの上は、仕事や子ども関連の書類などですでに山積み状態になっていて、片づけるのはどうにも難しい。そのような場合は、たまった書類を一度紙袋に入れてテーブル脇に置きましょう。スッキリしたダイニングテーブルの上にはスケジュール帳を置くスペースができました。紙袋の中を探せば、書類も出てきます。必要なときにどこを探せばよいかを明確にしてから片づけましょう。1日1回、スケジュール帳タイム＝テーブル見回りタイムとすると、スッキリした気分でスケジュール帳を開けるかもしれません。

# Q5 カレンダーアプリではだめですか?

「スマートフォンのアプリで、スケジュール管理したいんです」という参加者がいます。ワークブックは紙のスケジュール帳を使う前提で書かれていますが、どうしたらよいでしょうか。

## A1 カレンダーアプリのメリット・デメリットを分析しましょう

プログラムの最終目標は、参加者それぞれが自分にぴったりの時間管理の方法を見つけることです。必ずしも紙のスケジュール帳を用いて時間管理をしなければならないわけではありません。まずは、スマートフォンのアプリを用いる場合とバーチカルタイプのスケジュール帳を用いる場合を想定し、それぞれのメリット・デメリットを挙げてみましょう。そのうえでどの方法を採用するか、一緒に考えてみるとよいでしょう。そして、参加者自身が選んだ時間管理の方法のデメリットを補う方法についても考えましょう。

## A2 ワークブックの中にあるバーチカルタイプのスケジュール用紙を試しに使ってもらいましょう

これまで、紙ベースのバーチカルタイプのスケジュール帳を使用したことがない方もいるでしょう。参加者がどの方法でスケジュール管理するのか迷っている段階では、新たにバーチカルタイプのスケジュール帳を買うのはハードルが高いかもしれません。そのような場合には、ワークブックの中にあるバーチカルタイプのスケジュール用紙 (ワークブック p.81 か p.109) を使って、使い心地を試してもらうこともできます。そのうえで、どの方法で時間管理をしていくのがよさそうか、参加者と話し合ってみましょう。

# Q6 最近スケジュール帳を買ったばかりです

　最近、スケジュール帳を新しく購入したばかりの参加者がいます。ですが、このプログラムで推奨されているバーチカルタイプではありません。参加者は買い換えたくないようです。今持っているスケジュール帳を使ってもらってもよいでしょうか。

## A1 今お持ちのスケジュール帳のメリット・デメリットを分析しましょう

　Q5に対する答えとも重なりますが、必ずしもバーチカルタイプのスケジュール帳を用いて時間管理をしなければならないわけではありません。まずは、参加者の方が今お持ちのスケジュール帳とバーチカルタイプのスケジュール帳を比較し、それぞれのメリット・デメリットを挙げてみましょう。そのうえでどの方法を採用するか、一緒に考えてみるとよいでしょう。

## A2 ワークブックの中にあるバーチカルタイプのスケジュール用紙を試しに使ってもらいましょう

　つい最近、新しいスケジュール帳を買ったばかりであれば、また買い替えるというのは心理的にも経済的にも負担となります。そのような場合には、ワークブックの中にあるバーチカルタイプのスケジュール用紙（ワークブック p.81 か p.109）を使って、使い心地を試してもらうこともできます。そのうえで、どの方法で時間管理をしていくのがよさそうか、参加者と話し合ってみましょう。

# Q7 ★ 毎日予定が変動して計画が立てられません

営業の仕事をしていたり、家族のスケジュールに合わせて動いたりしているため、毎日の予定が流動的で、決まった時間にスケジュール帳を見ることができず、スケジュール帳タイムが設定できないという参加者がいます。どのように対応したらよいでしょうか。

## A 時間帯ではなく、生活の中のルーティンの活動とセットにしてもらってはどうでしょう

参加者の中には、フリーランスで毎日の勤務場所や時間の流れが違う方、子育て中で、子どもの機嫌や体調や習い事などで一定の時間にスケジュール帳タイム（ワークブック p.25）を設けることが困難な方もいることでしょう。確かに、毎日同じ時間帯に決めるのは難しいものです。

そのような場合には、生活の中のルーティンの活動とセットにするというのはどうでしょう。例えば、仕事への移動時間、コーヒータイム、仕事開始時のウォーミングアップとして、あるいは仕事終わりに、朝食のあと、夕食のあと、お風呂のあとに、といった具合です。仕事先や子どもの機嫌や体調にかかわらず、必ず毎日することを参加者に考えてもらいます。最初のうちは、ルーティンの活動とスケジュール帳タイムをセットにすることを忘れがちかもしれませんが、数週間続けていれば、習慣になるだろうと伝えてみましょう。

第 **2** 章

# 夜更かしをやめる／
# やる気を出す方法を学ぶ

## 第2回の目標

◎ **標準目標**（多くの参加者が目指す目標）

❶ 夜更かしをやめる方法を知る。

❷ 自己報酬マネジメントについて理解する。

❸ 報酬になりそうなリストを作成する。

◎ **配慮目標**（グループ内で進展がやや遅めの参加者が目指す目標）

❶ 自分の夜更かしの実態を把握して、夜更かしに対して問題意識を
持つ。

❷ 自己報酬マネジメントについて理解する。

❸ 報酬になりそうなものが見つからない場合には、次回参加時までに
自由時間に多くの時間を使っている活動について観察してくること
を宿題にする。

❹ すでに報酬（食べ物、ネット、テレビ、買い物など）が過剰になっ
ている環境にいる場合には、それらを制限して報酬に変える方法
があることを理解する。

◉**上級目標**（グループ内で進展が速い参加者向けのステップアップ目標）

❶夜更かしに至る真の原因を探り、それに応じた対処策を講じる。

❷自己報酬マネジメントについて理解する。

❸さまざまな種類の報酬（物質的なものだけでなく、社会的なものや自分自身の達成感やすっきり感など）を報酬リストに挙げる。

## 第2回の進行例

| 120分 | セッションの概要 |
|---|---|
| 10：00〜<br>（15分） | ルールの確認<br>シェア：前回からの近況報告 `1人1分`<br>前回のふりかえり |
| 10：15〜<br>（30分） | ❶夜更かしをやめる方法（p.34〜38）<br>・シェア：自分の睡眠について話そう（前回の宿題〔睡眠記録をつける〕を隣の人と見せ合って、気づいたことを話し合う）`7分`<br>・夜更かしのメリット・デメリット分析（p.36）の記入 `15分`<br>・シェア：夜更かしのメリット・デメリット分析の発表 `1人1分` |
| 10：45〜<br>（45分） | ❷やる気を出す方法を学ぶ（p.40〜43）<br>・ワーク：やりたいことリストを作る（p.41〜43）`30分`<br>・シェア：やりたいことリストの発表 `1人1分` |
| 11：30〜<br>（30分） | 宿題の設定<br>・宿題①：夜更かしをやめてぐっすり眠る（p.39）<br>・宿題②：朝準備のタイムログをとる（p.44〜47）<br>シェア：今日学んだことと感想を発表 `1人1分` |
| 12：00 | 次回予告 |

## 第2回のつまずきがちな点と対処法 Q&A

以下のつまずきがちな点について見ていきます。

Q8　宿題ができませんでした

Q9　宿題を頑張ったのにシェアしてもらえません

Q10　夜更かしにメリットなんてないです

Q11　自営業なので、夜更かししてでも仕事をしなくてはいけないんです

Q12　ゲームで夜更かしがやめられないんです

Q13　やりたいことが浮かびません

Q14　やるべきことが多すぎて、やりたいことをする時間がありません

Q15　お金がないから自分にごほうびがあげられません

Q16　やりたいことが食べ物ばかりで……

Q17　お酒だけがごほうびなんですよね

# Q★8 宿題ができませんでした

宿題をしてこない参加者がいます。どのように対応したらよいでしょうか。

## A1 宿題をしてこない理由を探り、具体的な対策を提案しましょう

宿題を行うことは参加者にとって負担のかかることです。まずは、責めずに正直に話してくれたことをねぎらいましょう。そのうえで宿題ができなかった理由を探り、障壁となることを具体的に挙げ、その対処法を参加者と共に考えましょう。また、必要に応じて参加者のできそうな宿題に作り替え、ハードルを下げると、取りかかりやすくなります。

### よくある宿題をしてこない理由や障壁とその対策の具体例

❶ 宿題そのものを忘れてしまう（ワークブック第4章 p.66〜67「やるべきことを忘れずにこなす」参照）
   ➡ 宿題を行う日時を決めてスケジュール帳に予定を入れる（To-Doリストを作る）、タイマーをセットする、貼り紙をする、家族に指摘してもらう、などを提案する。
❷ あとまわしにしてしまう（ワークブック第7章 p.120〜129「あとまわし癖を克服する」、Q43参照）
   ➡ 完璧を目指さないように伝える、行動計画を立ててもらう、など。
❸ 宿題の負荷が高いと感じ、実行できそうにない
   ➡ ハードルを下げた宿題を提案し、参加者自身に選んでもらう。
   例：3日連続のタイムログをとる宿題の場合、タイムログをとる日数を減らすか、タイムログをとらずに大まかな1日の予定と実際の記録をとる宿題への変更を提案し、選んでもらう、など。

❹ 宿題のあとにごほうびを設定していない（ワークブック第2章 p.40
　〜43「やる気を出す方法を学ぶ」参照）

　➡ ごほうびに罪悪感をもたないように伝える、ごほうびの具体例を
　　提示する、など。

❺ 宿題をやる意義や目的が不明瞭になっている（Q24参照）

　➡ 宿題に取り組む意義や目的について、参加者にわかるように伝える。

❻ 宿題という言葉自体を義務的に感じ、抵抗がある

　➡ 参加者がやる気になる、抵抗の少ない名称に変える。

　例：「宿題」→「プレゼント」「お土産」「実験」「プロジェクト」
　「筋トレ」など。

# A2　グループの力を活用しましょう

　他の参加者も宿題を実行することに苦労しているかもしれません。宿題
を実行するための工夫を尋ねてみると、よいアイデアが得られる可能性が
ありますし、他の参加者の参考にもなります。また、率直に話せる機会を
つくるのはグループの活性化につながりますので、そのような時間を設け
てみるのもおすすめです。

　提出してもらった宿題は、視覚化し、他の参加者も共有できるようにす
ることで、お互いに刺激し合うことができます。事前に宿題を画像などで
提供してもらい、スクリーンで見られるようにしたり、それぞれの参加者
の宿題を見てまわる時間を設定したり、参加者が宿題を見せながら発表し
たりするなど、工夫してみるのもよいでしょう。宿題や達成した課題を他
の人に見てもらうことや褒めてもらえることは報酬にもなり、やる気につ
ながります。

# Q9 宿題を頑張ったのにシェアして もらえません

参加者の宿題を皆でシェアしたいのですが、全員の分をシェアするには時間が足りません。どのような工夫ができますか。

## A1 生活環境が似ている参加者同士でシェアグループをつくりましょう

全員でシェアする時間がとれなくても、シェアグループをいくつかつくることなら可能です。参加者同士が宿題をシェアし、しなやかな視点で自分の課題や解決方法を見直すことも、このプログラムの大切なポイントです。ですから、参加者に意義を伝え、なるべく参加者同士が宿題のシェアをしやすい環境づくりや工夫もしていきましょう。

例えば、タイムログなど個人の生活環境が関与しやすいものは、家族構成や生活環境などが似ていて、お互いに参考になる参加者同士をペアにして宿題をシェアしてもらい、その一方で朝準備など、参加者全員にとって参考になりそうな宿題は全体でシェアするようにしてみましょう。

## A2 宿題を視覚化するのも効果的です

宿題を写真に撮って事前にメールなどで送ってもらいモニターに表示したり、宿題を机の上に広げて参加者全員の宿題を見て回ったりして、視覚化を意識してシェアすると時間も節約できますし、参加者のモチベーションが上がることがあります。また、ADHD特有の「聞き逃し」が軽減しやすく、記憶にも残りやすくなります。これは、参加者が他の参加者の宿題を参考に、次の宿題に取り組む手がかりにもなります。

# Q10 夜更かしにメリットなんてないです

夜更かしのメリット・デメリット分析（ワークブック p.36）のところで
つまずく参加者がいます。夜更かしのデメリットはすぐに書くことができ
るようですが、メリットを書くときに、「夜更かしをやめたいと思ってい
るんだから、夜更かしにメリットなんてないですよ」と言って、ペンが止
まってしまいます。どう支援したらよいでしょうか。

## A1 メリットがあるからこそ、夜更かしをしているのだと伝えましょう

確かに、参加者のおっしゃるとおりです。一般的に夜更かしは、あまり
推奨されていません。そのため、デメリットを挙げることは容易です。で
すから、まずはそのように思うのももっともなことだと共感しましょう。

そのうえで、「人間は、メリットがデメリットを上回る行動しか、とり
続けない」ということを強調します。つまり夜更かしには、一般的なデメ
リット（健康に悪い、翌朝つらい、早起きできないなど）を上回るほどの
何らかのメリットが隠れているはずなのです。隠れたメリットを発見する
には、以下のような問いかけが役立つでしょう。

「夜更かししているときに、しなくて済んでいることはありますか？」
「夜更かししている間にしていることは、昼間にはできないことですか？」
「夜更かししている間にしていることは、本当にそれ自体がしたいこと
　ですか？　本当は何か別のものを求めている可能性はありませんか？」

それでも、なかなかピンとこない場合には、次の「夜更かしをする理
由」について、あてはまるものがないかどうかを検討してもらうのもよい

でしょう。夜更かしの理由がわかれば、対処法も考えやすくなります。

**夜更かしをする理由と対処法の具体例**

❶ 夜更かししていると、目がさえてきて妙なハイテンションになって物事がはかどるような気がするといった身体感覚があるからやめられない。

→ 夜更かし時の独特の身体感覚は、スーパーマンのようなものかもしれません。こういった感覚は昼間には味わえないものでしょうか？　昼間に集中したり、夢中になったりすることでも同じ感覚を味わえます。昼間に置き換えてみるよう提案しましょう。

❷ 夜更かししていると、同じく夜中にしか連絡がとれないSNS友達とやりとりができるといった社会的なつながりがあるからやめられない。

→ 友達とのつながりが欲しい、という気持ちに気づくことができました。メールなどのタイムラグのあるものを代替ツールとして用いることで、夜更かしの頻度が減らせるかもしれません。夜以外の時間帯でも親しくできる方法はないか、探してみるよう提案しましょう。

❸ 夜更かしして、映画を見たりネットやゲームをしたりするのが定番になっているなど、夜中に没頭するお決まりの活動があるからやめられない。

→ 映画もネットもゲームも、夜中のほうが静かで、没頭して味わえるかもしれませんね。本当にその活動自体が好きな場合には、時間帯を昼間に移動できないか検討してもらいましょう。育児中などでなかなか昼間はゆっくりと自分の時間をもつことができない場合もあることでしょう。その場合でも、30分でも子どもを見てもらって、昼間に自分の時間をもつことを選択肢に入れてみるよ

う提案しましょう。

❹ 夜更かししてゲームなどに没頭していれば、つらいみじめな現実を
一瞬でも忘れることができて現実逃避できるから、やめられない。

➡ つらいみじめな現実に向き合うのは、エネルギーを消耗すること
ですし、傷つくのが怖くて目を背けたくなるのも理解できます。
けれども、逃避しても問題は悪化するばかりです。ひとりで向き
合うのが怖いことに対しては、誰かに打ち明けて、一緒に向き
合ってもらうことができるか考えてみてもらいましょう。逃げ続
けるより、意外なほど、解決は簡単かもしれないことに気づいて
もらえるとよいでしょう。

# A2　習慣化した行動こそ、意識しにくいものです。何度も宿題にしてふりかえってもらいましょう

夜更かしがすでに長年習慣化している場合には、隠れたメリットに気づくのは至難の業です。その場合、宿題にして、自分自身の「夜更かし」を観察してもらってはどうでしょうか。例えば、「次回までに、また夜更かしする日があれば、そのときにこんなことを自問自答してみてください」と前置きして、次のように伝えます。

「夜更かしの日と、早寝の日がある場合には、その違いは何かを考えてみてください。例えば、よく身体を動かした日には寝つきがいいとか、充実した日を過ごして満足感があれば夜更かししないとか、逆に、消化不良でもやもやしたことがある場合にはいつまでもゲームがやめられないとか、友達とついついメッセージのやりとりに夢中になってしまって夜更かししてしまったとか、食べすぎてしまってそのまま寝ると太ってしまうと思って無理に起きていた、といったことです」

「夜更かししている、まさにその瞬間に、『ほんとに私が今したいことは

何だろう？　欲しいものは何だろう？』と自問自答してみてください。『本当にこのゲームがそんなに大事なのか？』とか、『何を満たそうとしているんだろう？　どうしてこんなに友達とのやりとりが必要なんだろう？』といった具合です」

　参加者が生活の中で観察して気づいたことは、セラピストが指摘したことに比べて、ずっと印象深く記憶に残ります。それは真実にも近いはずです。参加者自身が発見できると信じて、A1（p.33〜35）で述べたような4つの理由と対処法の具体例を参考にしながら、繰り返し観察を求めてみましょう。

# Q*11 自営業なので、夜更かししてでも仕事をしなくてはいけないんです

「夜更かしはやめたいのですが、締め切りに間に合わせるために仕事をすると、結果的に夜更かしになります。締め切りのある仕事を多く抱えています。間に合わないと評価も落ちるし、フリーランスなので、今後仕事が続かなくなったらどうしようという不安も抱え、深夜まで仕事をする日々が続いています。夜更かしせずにしっかり睡眠をとりたいのですが、全然十分な睡眠時間がとれません」。このように言う参加者にはどのように対応したらよいでしょうか。

## A1 スケジュール帳を見て、すきま時間を確認してもらいましょう

もう一度スケジュール帳を確認して、すきま時間に入れられそうな仕事がないかどうか考えてもらいましょう。そのときに、さらに効率よく取り組むための工夫（お茶を淹れる、場所を変えるなど）を取り入れ、仕事をすることへのハードルを下げてみることを提案してもよいでしょう。

また実験的に、同じような作業を昼間と夜中にそれぞれ取り組んでもらい、作業効率を比較してもらうことで、実体験に基づいた判断を促すことができます。

## A2 締め切りより早めのゴール設定を提案してみましょう

締め切りより前にゴールを設定し、スケジュール帳に書き込んでもらいます。早めに達成した際の「爽快感」を想像してもらい、動機づけを高めましょう。参加者が「やってみよう」という気持ちになれるよう、ゴールした際のプチごほうびを設定するなどの工夫も提案してみてください。

# A3 睡眠不足で非効率的な働き方になっていないかふりかえってもらいましょう（よく眠れば日中の効率が上がるのかを実験して確かめる）

よく眠れた日と、夜中まで作業に徹した日。その翌日の仕事内容をふりかえり、評価してもらいます。自己評価で、1日をふりかえり「(100点満点で) 何点」と点数をつけてみる、午前午後に分けて「何点」と点数をつけてみるなど、時間ごとにふりかえってもらいます。さらに、必要に応じて「集中力」や「作業効率」など、細分化して評価してみるのも客観的理解につながります。

# A4 働き方を見直してもらいましょう。長く続けることのできる働き方が仕事の質の向上や、信頼関係を築くことにもつながるのです

ADHDタイプの人の場合、たくさんの予定を詰め込みすぎてオーバーワークになってしまっている可能性も考えられます。短距離ランナーのように全速力で走り続けるのは難しいということを参加者に意識してもらいながら、自分に合ったペースを保つために、

① 自分にとって必要な休憩のペースを見直してみる、
② 自分にとって「快」（心地よいこと）となる時間をどれくらいもてているか考える、
③ すきま時間にこなせることはないか見直してみる、

などの対応を伝えましょう。働き方や活動ペースについて、参加者が長く続けられるやり方を考えていけるようサポートしましょう。

# Q12 ゲームで夜更かしがやめられないんです

ゲームがやめられず、夜更かししてばかりだという参加者がいます。どのように対応したらよいでしょうか。

## A1 以下の4つのステップを実践しましょう

### ステップ1 ADHDとゲーム依存についての心理教育をしましょう

ゲーム、ネットショッピング、ネットサーフィンなど、自宅にいながらにして即座に刺激の得られるものが多くなりました。ADHDの方にとって、これらは脳の報酬系を刺激する、他では得られないほど楽しいもので、寝食を忘れるほど没頭して、気づけば何時間も費やしてしまっているということはよくあるようです。この没頭のことを「過集中」と呼びます。ADHDの方は、仕事や雑用などに対して、なかなかやる気を出すことができなかったり、他のもっと魅力的な刺激にすぐにとびついてしまうため集中力がそがれやすかったりといった特徴がある一方で、好きなものにはとことん没頭する「過集中」がみられるため、周囲からは「あの人は子どもみたいに、好きなことしかしない」と非難されることも多いようです。このように、ADHDの方は、興味があり、即座に反応（報酬）が得られるものには何時間でも没頭しやすいといわれています。代表的なものには、ゲーム、ギャンブル、ネットショッピング、ネットサーフィンなどがあります。これらが「依存」のレベルになっていないかどうか、注意しておく必要があります。ゲームの例でいえば、仕事や家事や育児といった重要なことよりもゲームを優先してしまって、日常生活がゲーム中心になっていないかどうか確かめてみましょう。また、ご本人が「やめたい」とか「ゲームの時間を減らしたい」と思っているにもかかわらず、それにことごとく失敗しているかどうかも、依存かどうかを見極める大切なポイ

ントです。依存になると、ひどい場合には褥瘡（じょくそう）ができるほど長時間ゲームをし続けて、学校も仕事も家庭もすべてを放棄してしまうこともあります。これらの危険性を十分に伝えることで、ご本人にも「どうにかしなければ」という意識をもってもらいます。

### ステップ2　ゲームに費やしている時間をタイムログで確認し、ゲームをすることのメリット・デメリット分析をして、ゲームにはまっている理由をご自身で考えてもらいましょう

　過集中からの脱却の第一歩は、まずは、それにどのくらいの時間を費やしているのかを、タイムログをとって知ることです（タイムログのとり方についてはワークブック p.44〜45 参照）。タイムログは、プログラムの中でたびたびとる機会があるので、慣れていくことでしょう。しかし、よくないとわかりつつ続けてしまっている行動についてのタイムログをとるのは、あまり気乗りがしないものです。ちょっと太ったかなと思っているときには体重計に乗りたくないのと同じです。ですから、ご本人の抵抗が強い場合には、すでにとり終えた１日のタイムログがあれば、その記録を一緒に眺めて、「この１日の中で、どの時間帯にゲームをしていることが多いだろうか」と考えてもらってもよいでしょう。

　こうして現状を大まかにでも把握できれば、次にしてもらいたいことは、ゲームの何がそこまでご本人を惹きつけるのか、つまり、ゲームをやめられない理由（魅力）についてご本人に分析してもらうことです。

　例えば、「日中は仕事や家事に追われていて、全く自分ひとりの自由な時間を持てずにいる人が、家族の寝静まった夜にだけゲームに没頭して満足している」とすれば、ご本人が本当に欲しいものはゲームというよりは、「ひとりの自由な時間」なのかもしれません。もしくは、「ゲームをクリアしていく達成感」なのかもしれません。「没頭する感覚そのもの」が好きという方もいます。もしかすると、「仕事や家庭での嫌なことから目を背けたいので没頭して、逃げている」という方もいるかもしれません。

こうしてゲームにはまっている理由を明らかにしたら、次のステップです。

### ステップ3　はまっている理由に応じて、ゲームを別の行動に置き換えてみましょう

　ゲームにはまっている理由が明らかになれば、それをゲーム以外の行動に置き換えていきます。例えば、「ひとりの自由な時間」が欲しい参加者であれば、仕事や家事、育児などの調整をつけたり誰かにお願いしたりして、昼間に自由な時間を設けるようにします。

　「ゲームをクリアしていく達成感」が欲しい参加者の場合には、仕事や家事など、やらなければならないことの中で達成感を得られるよう工夫していくのも、ひとつの手です。例えば、仕事でわからないことがあって、上司や同僚に聞けば解決しそうなのに、それを先延ばしして溜め込んでいる人が、夜帰宅して、この不全感をなんとかしたい！と思ってゲームをしたとしましょう。こうした場合には、この方が仕事に関する質問をどういうタイミングでどんなふうにしたらうまくいくかをグループで検討できるとよいでしょう。仕事を溜め込まずに取り組むことができて、その中で達成感を得られるようになると、不思議とゲームの時間が減ってくることが多いものです。また、可能ならばゲームを昼間の時間帯に移動するのも、睡眠不足にならず、健康に良いかもしれません。

　ゲームに「没頭する感覚そのもの」が好きという参加者の場合には、没頭するのを短時間で済ませる工夫（ステップ4参照）や昼間の時間帯への移動、別のもっと生産的なことに没頭できないかどうかを検討してもらいましょう。例えば、ゲームの代わりに、長年取りかかろうとしつつも決心できずにいた資格取得に乗り出したある参加者は、「これまでどうしてゲームのような後に何にも残らないものに没頭していたんでしょう。資格取得のために時間を使い始めると、今では足りないくらいです。もしかしたら、資格をとる自信がなくて、チャレンジするのが怖くて、ゲームに逃

41

げていたのかもしれません」とおっしゃいました。こんなふうに、没頭する対象をもっと実りあることに置き換えていく方法は、参加者にとって「本当はどんな人生を歩みたいか」を考えるよい機会になります。

　また、「仕事や家庭での嫌なことから目を背けたいので、ゲームに没頭して逃げている」という参加者の場合には、目を背けたいほどつらい問題から逃げ回るよりも、誰かの手を借りたりして勇気を出して問題と向き合ったほうが、長い目で見ればもしかすると楽になれるのかもしれません。ある人は、妻とうまくいっておらず、長年家庭の中に居場所がないと感じてきました。妻との会話を避けるために、ゲームに没頭して、自分の部屋に誰も入れないようにしていました。しかし、そんなことを続けていても、この先何十年もこれが続くのかと思うとぞっとすると考えたそうです。そこで、思いきって妻にこれまで言えなかったことを伝えてみました。少しずつですが、妻と向き合えるようになってきたところ、ゲームに頼らずにいられる、前よりも心地の良い家庭になってきたとのことです。

　こうした置き換えが進めば、ゲームにはまる理由が少なくなってきます。そして、無理なくゲームをやめることができるかもしれません。

### ステップ4　過集中をストップするための方策も同時に必要です

　とはいえ、ゲームは飽きずに楽しめるように数々の工夫がされているものです。ちょっとのつもりで始めても、ついつい長時間を費やしてしまいます。ましてや、時間感覚に乏しいADHDの方にとっては、あっという間に何時間もたってしまうこともあるでしょう。こうした過集中に陥らないためには、いくつか防止策を用意しておく必要があります。

- ゲーム開始時にアラームをかけておき、終了時間を管理する
- ゲームを上回るほど好きなラジオやテレビなど、定時で始まる番組の時間から逆算してゲームを始める
- 朝の出勤、子どものお迎えなど、時間に遅れることのできない用事の

前に始める

- あえて充電の残りが少ないパソコンで、電源につなげずにゲームを開始する
- 電車やバスの移動時間のように、終わりのある空間でゲームを楽しむ

# Q13 やりたいことが浮かびません

やりたいことが浮かばない、あるとしても、お金がかかってしまうことばかりで、経済的な余裕がないから無理だという参加者がいます。どうしたらよいでしょうか。

## A1 何でもよいので思いついたことを書き出してもらいましょう

やりたいことが浮かばない場合、例えば100個、何でもよいので書き出してもらいましょう。100個が難しい場合は50個、それも難しいなら10個、最終的にはまず5個を目指してみるのはいかがでしょうか。

やりたいことが浮かばない場合、家族や仕事に振り回されている状況も想定できます。その際には、主語を「私」にする練習をグループの中でサポートしましょう。1カ月前、半年前、1年前、過去に興味をもったことを思い出してみてもらうのもひとつの方法です。

または、何かに取り組んでいるとき、頭の中に浮かぶ物や事は何でしょうか？ それらは興味関心を寄せているものである可能性が高いです。どんなものがチラチラ浮かぶのか尋ねてみましょう。

## A2 身体の感覚を活かしながら、「やりたいこと」を探索してもらいましょう

今やりたいことにはお金がかかると想像して、「今の自分には無理」「とんでもない」と最初から諦めるという行動はよくみられるものです。そんなときには、視覚、聴覚、味覚、嗅覚、触覚、などの感覚や自分の身体をどう使うのが好きかを考えてもらいましょう。ふわふわした感じが好きなら、柔軟剤を使用すれば洗濯さえも楽しみにつながる可能性があります。

掃除が終わったら、手をマッサージするとか、磨いた鏡に向かって「よく頑張りました」と声かけをするのもよいかもしれません。掃除や洗濯など、義務的な活動に、自分をいたわる1アクションを追加することで、日常的な活動そのものが楽しみにつながる可能性は十分にあります。

## A3 やりたいことに使える金額の「基準」を把握してもらいましょう

やりたいことを実行することによって、経済的な破綻を招いたり、心身の健康を害したりしては本末転倒です。多くの場合、やりたいことに集中しすぎると、時間的・経済的な浪費行動となりがちです（時間的な浪費の問題については、Q12参照）。一方で、「自分がいくら使えるかわからない、だからお金を使えない」というケースもあります。お金を浪費しないためにも思いきって使うためにも、まずは、参加者がやりたいことにどれだけのお金を使えるのかを「見える化」することが必要かもしれません。

例えば、1日分の食費を含む生活費を書き出してもらいます。そして、1週間の生活費×4〜5で、1カ月分の生活費を洗い出してもらいましょう。やりたいことに使える金額を把握したうえで、自信をもってやりたいことに夢中になってもらえるとよいでしょう。お金のかかるやりたいことを特別なときに計画するのも楽しみなものです。

# Q14 やるべきことが多すぎて、やりたい
## ことをする時間がありません

　しなければならない仕事や家事が多く、時間が足りない感じで、「やるべきこと」に追われ、「やりたいこと」に手を出す時間などないという参加者がいます。どのように対応したらよいでしょうか。

## A1　やるべきことの My 基準を確認してもらいましょう

　「やるべきこと」という単語で頭に浮かぶ内容にはどんなものがありますか？　もしたくさんの「すべき」が浮かんでいたら、ちょっと自問してみてはどうでしょう。その「すべき」は誰が決めたものでしょう。自分自身？　上司？　家族？　親？　参加者が振り回されている「すべき」は、多くの場合、自分で自分を追い詰める形になっています。赤信号では止まるべきでしょうが、日常生活の中では案外「すべき」ことは少ないのです。

　例えば、身体のためにバランスのとれた食事を品数多くつくるのは良いことかもしれませんが、毎日そうする必要はないのではないでしょうか？　ときには中食や外食を楽しんだり、毎日ではなく1週間単位でバランスを考えたりといった工夫が生活を助けます。高すぎる「My 基準」のハードルを少し見直してみることが時間をつくりだす秘訣かもしれません。

## A2　やるべきことよりも、やりたいことをする時間の確保を優先してもらいましょう

　時間管理を意識するとき、たくさんのやるべきことで予定が詰まっていることが充実で、やるべきことのない時間は無価値だと極端に考えてしまう場合があります。そのため、次から次にやるべき活動を詰め込んでし

まい、息切れを起こし、結果、何にも手をつけられず、「やっぱりできなかった。私には能力がない」という考えに至ることがあります。たくさんの予定があることは充実した生活であるともいえますが、ときにはプレッシャーにもなりえます。

　今抱えている活動量は適切でしょうか？　1日の中で、最も負担に感じる活動時間帯はいつでしょうか？　逆に、最も余裕をもって過ごせる時間帯はいつでしょうか？　負担に感じるとき、その原因のひとつに、活動の段取りや時間の見積もりが甘いということがあります。

　休息ややりたいことを楽しむ時間は、ときに罪悪感を生み、価値を低く見積もられがちですが、自分を大切にするための、おろそかにはできない時間です。

　やるべき活動そのものの頻度を減らすことや別の時間帯への移動などを提案しましょう。やりたいことをする時間を優先的に確保することを話し合うと、「やるべきこと」と「やりたいこと」の違いを感じてもらえると思います。

# Q15 お金がないから自分にごほうびが あげられません

家事などやるべきことに追われているし、お金も限られているので、ご ほうびを自分にあげることができません、という参加者がいます。どうし たらよいでしょうか。

## A1 自分にごほうびを受け取る資格がないと思い込んでいないか確 認しましょう

ごほうびにはお金がかかるというのは、参加者からよく聞かれる意見で す。「ごほうび」というと、高額なお金のかかるものを想像してしまう方 が多いので、無理もありません。ごほうびは、物質的なものだけでなく、 誰かに褒めてもらえるといった社会的なごほうびもあります。また、毎週 見ている連続ドラマや、ネットサーフィン、マッサージなど、すでに生活 の中にある楽しみを、「○○したあとのごほうび」として設定するのも手 軽な方法です。例えば、いつも楽しみにしているドラマを録画したもの を、これまでなら最優先して見ていたけれど、憂鬱な掃除が終わったあと に清々しい気持ちで見るように設定すれば、立派なごほうびとして機能し ます。

こうした提案をしても、「それでもゆっくりする暇がありません」「家事 をするくらいでごほうびなんて、きりがありません」「誰でもこのくらい やっているのですから」といった発言があるようなら、もしかするとその 参加者の心の奥底には、「私なんて、ごほうびを受け取る資格のない人間 だ」といった思い込みがあるのかもしれません。「そういった思い込みが あるのではありませんか?」「だから自分にごほうびをあげられないので はないですか?」と尋ねてみましょう。ADHD の方の多くは、するべき

ことができていない自分に失望していたり、周囲からも責められて自信を
なくしていたりするため、自己評価が低い可能性を念頭に置いておきま
しょう。

## A2 「かのように振る舞う」宿題を出しましょう

　もしもその参加者が、「自分にはごほうびをあげるだけの価値はないと
思います」と認めた場合には、その思い込みが正しいかどうかを実験して
確かめてもらいます。具体的には、次のセッションまで、参加者自身に
「まるでものすごく価値のある人であるかのように振る舞ってもらう」の
です。そうして過ごす期間が、これまでの「ごほうびをあげない」暮らし
方と比べて、どう違うのかを体験してもらうのです。例えば、これまで
「自分にはゆっくりハーブティーをカップに入れて飲むほどの価値もない」
と思い込み、椅子に座る間もなく家事をバタバタとこなしてきた方には、
次のセッションまで、「あえて、毎日5分間だけハーブティーを飲む時間
をとる」ことをしてもらいます。そして、次のセッションで感想を聞いて
みましょう。これまでの参加者から聞かれた言葉には、「まだ慣れないけ
れど、無理やりにでもこういう時間をつくることが必要なのかもしれませ
ん」「ハーブティーを飲んでいるあいだも、あれをしなくちゃ、これをし
なくちゃと頭の中がやらなければならないことでいっぱいになってしまっ
たので、思考を停止させて動けなくするために、顔のパックをすることに
しました。そうしたら、初めてゆっくりできました」などがありました。
新しい試みをすれば、何か新しい発見があるかもしれません。

# Q16 やりたいことが食べ物ばかりで……

参加者のやりたいことが食べ物に関することばかりに偏ってしまいます。一方で、痩せたいとも言っているのに、ごほうびが食べ物ばかりでよいのでしょうか。

## A1 食べ物以外のごほうびの例をいくつか提案して、選んでもらいましょう

食べ物やお酒は手軽なごほうびとして、多くの参加者が挙げるものです。実際、食欲は生理的欲求なので、満足感が即座に得られやすいですし、ひとりで手軽に得られるものですから、便利なごほうびです。しかし、そればかりでは身体に悪いですし、飽きてしまいますね。

ごほうびは、なにも特別なものでなくても大丈夫です。毎日続けたいと思っている食器洗いができたら、スケジュール帳にシールを貼るとか、掃除のあとにアロマオイルをたいてみるとか、朝の洗顔のときにふんわりした新しいタオルを使ってみるとか、前に誰かにもらったもののなんとなくもったいなくて使わないままだった入浴剤を使ってみるとか……。視覚や触覚、嗅覚などを喜ばせることもごほうびになるでしょう。

社会的なごほうびの活用もおすすめです。例えば、「家族にアイロンがけをする！と宣言して、実行できたら褒めてもらう」とか、「断捨離をする！とSNSで宣言して、皆から応援してもらう」などがそうです。

## A2 ごほうびが必要なのは、習慣化されるまでのはじめの期間だけ、と割り切ってもよいでしょう

時間管理に慣れてくると、これまで先延ばしにしていたことを片づける

ことで、達成感を得ることができるようになります。そうして徐々にやるべきことを忘れずにこなせるようになっていきます。こうしたプロセスでは、最初こそ重い腰を上げるためにごほうびの設定は必須ですが、やがて達成感や充実感、自己肯定感やすっきり感がなによりのごほうびになります。これは、時間管理がすっかり参加者の中に定着したサインです。習慣化すると、自然とごほうびなしでも時間管理を継続できるようになります。

　ですから、最初は食べ物だけがごほうびであっても、あるいはそれが少し高価なものでも、割り切ってごほうびとして設定するようおすすめしてみてもよいかもしれません。

# A3　なりたい自分をイメージしてもらいましょう

　プログラムの第1回でイメージしてもらった「なりたい自分」（ワークブック p.16〜21）に焦点を当ててもらうのもよいでしょう。もしかすると、「痩せたい」という願望だけでなく、「素敵なライフスタイルを身につけたい」とか「もっとおしゃれしたい」などの、「痩せたい」に付随するさまざまななりたい自分や価値がすでに描かれていたり、ふりかえることで明確になってきたりするかもしれません。こうした「なりたい自分」は、長期的な視点に立ったときにはじめて描くことができるもので、目の前の食べ物に夢中になっているときには忘れがちな願望です。長期的な視点に立つことができれば、「私にとって、この目の前のお菓子を食べることは、なりたい自分に近づくことだろうか？」と考えることができるかもしれません。そしてもしかすると、「私は背筋のしゃんと伸びた、かっこいい自分になりたいんだった。そうだ、ごほうびは、そんな自分に似合いそうな新しい下着を買うことにしよう」という発想が生まれたりして、新しいごほうびを思いつくかもしれません。

# Q17 お酒だけがごほうびなんですよね

アルコール使用に問題がある参加者のやりたいことリストに、「ビールを飲む」と書いてありました。どのように対応したらよいでしょうか。

## A1 他にやりたいことがないかを一緒に探しましょう

大人のADHDでは、アルコール使用障害を併存する方もいます。スタッフから、「ADHDタイプの方は、同じごほうびばかりでは動機づけが弱くなり、ごほうびとしての効果が低下しやすいです。ごほうびの効果を保つためにも、ごほうびのバリエーションを豊富にすると効果的です。飲酒の他にやりたいことはないですか？」と聞いてみましょう。そして、他にやりたいことが出てきたら、それを取り入れてみることを提案しましょう。

## A2 やりたいことを具体的に決めてもらいましょう

「飲酒以外、やりたいことはない」と言われた場合、飲酒の量もやりたいことリストに書き出してもらいましょう。例えば、「いつもより高いビール1缶」などと決めておくことで、今までの飲酒行動との違いにより、新たな発見があるかもしれません。次回の宿題シェアで、やりたいこと（計画的な飲酒）をしてみた感想や、今までの飲酒との違いも具体的に聞いていきましょう。ここで大切なことは、飲むか飲まないかではなく、飲酒が効果的なごほうびとなっているかどうかです（これを自己報酬マネジメントといいます）。もし、飲酒によって計画が実行できないようであれば、飲酒以外のごほうびを検討してもらいましょう。

# 気持ちのよい朝を過ごそう

## 第 3 回の目標

◉**標準目標**（多くの参加者が目指す目標）

❶朝準備のタイムログをもとに計画を修正する。

❷朝準備の際に、動線や順序をイメージしながら、まとめて配置すると便利な物品リストを作成する。

◉**配慮目標**（グループ内で進展がやや遅めの参加者が目指す目標）

❶朝準備のタイムログをとることに失敗している場合には、「だいたいこのくらいの時間がかかっている」とセッション中に大まかな所要時間を思い出して、自分の朝準備をふりかえる。

❷持っていくもの（携帯電話やスマートフォン、財布など）をまとめて、持っていくことを忘れないための動線を話し合う。

◉**上級目標**（グループ内で進展が速い参加者向けのステップアップ目標）

❶朝準備のタイムログをもとに同時並行でこなせるものがないかを検討する。

❷やることが多すぎる場合には、他の家族に頼むことや省略することができないか、出発したあとや前夜など、他の時間帯に回すことができないかも検討する。

❸タイムログの各項目を部屋別に色分けし、スムーズな動線に修正する。

❹朝準備セットを複数用意し、それらが連続したひとつながりの行動になるよう工夫する（洗面所で顔を洗ったついでに洗面台の掃除をするなど）。

# 第3回の進行例

| 120分 | セッションの概要 |
|---|---|
| 10：00～<br>（20分） | ルールの確認<br>シェア：近況報告、前回のふりかえりを発表 `1人2分`<br>シェア：前回の宿題のシェア<br>・宿題①：夜更かしをやめてぐっすり眠る（p.39）<br>・宿題②：朝準備のタイムログをとる（p.46～47） |
| 10：20～<br>（50分） | ❶時間を見積もる（p.50～53）<br>・Bさんの例～時間を見積もるためにタイムログをとる<br>（p.50～51）を音読<br>・ワーク：朝準備のタイムログをもとに予定を立てる<br>（p.52～53）`30分`<br>・シェア：各自のものをお互い見て回る `15分` |
| 11：10～<br>（40分） | ❷朝準備を楽にするコツ（p.54～59）<br>・ワーク：朝準備セットを考える（p.58～59）`15分`<br>・シェア：朝準備に関する工夫を発表 `1人2分` |
| 11：50～<br>（10分） | 宿題の設定<br>・宿題①：朝準備の実際を記入する（p.52～53）<br>・宿題②：朝準備セットを作る（p.59）<br>・宿題③：夕方帰宅してから寝るまでのタイムログをとる<br>（p.62～63）<br>シェア：今日学んだことと感想を発表 `1人1分` |
| 12：00 | 次回予告 |

# 第3回のつまずきがちな点と対処法 Q&A

以下のつまずきがちな点について見ていきます。

Q18　タイムログをとるのが大変で苦痛です

Q19　朝やることもないので時間管理に困っていません

Q20　朝やることが多すぎるけれど、どれも削れません

Q21　早起きして、したいことをしようとするのに起きられないんです

Q22　内容についていけず、おいてけぼり……

# Q$\overset{\star}{18}$ タイムログをとるのが大変で苦痛です

「タイムログをとることがものすごく大変で、そのメリットがよくわかりません。タイムログをとるのが苦痛です。朝の時間はただでさえバタバタしているのに、そこに朝やっていることの所要時間を計って書き込んだりする作業が入るなんて、つらくてたまりません。今後もタイムログをとる宿題は続きそうですが、なぜタイムログをとるのか、その意味やメリットがよくわかりません」と参加者に言われたら、どう答えたらよいでしょうか。

## A1 タイムログをとることで時間管理の「現在地」を知ることができます

このプログラムの目標は「時間管理ができるようになること」です。このプログラムの基盤となっている認知行動療法では、目標を達成するために、まず「現状を知る」ことを大切にしています。地図にたとえると、現状を知ることは現在地を知ることです。現在地を知らずに目的地に到達することは難しいのです。まず、タイムログをとって現状を知ること、そして、目標に向けて自分の時間管理の癖や必要なスキルは何かを明確にしていくことが、このタイムログをとる目的です。

## A2 参加者の生活状況を知り、取り組みやすいタイムログのとり方を見つけましょう

タイムログをとるのは本当に大変な作業でもあります。ADHD には実行機能の障害もあり、また、特に小さなお子さんや高齢のご家族がいる家庭などでは、「タイムログをとっている間に家族から声をかけられ、家族

57

の世話をしているうちに、どの行動のタイムログをとっていたかわからなくなった」ということも起こります。そこで、タイムログがとりやすい環境設定を提案しましょう。例えば、行動一つ一つにタイムログをとるのは難しくても、「台所にいる時間」「朝食をとっている時間」「子どもの世話をしている時間」など、普段の活動から区切りやすく、タイムログをとるのに適した活動をグループ分けしてみるのです。そして、タイムログをとるときに事前に書き出して、すぐ見えるところに置いておきましょう。また、「タイムログは1回でとらなくては」と思い込まず、「今日がダメなら明日があるさ」くらいの気持ちで、肩の力を抜いて取り組んでもらいましょう。

# Q19 朝やることもないので 時間管理に困っていません

　朝準備セットのところで、「ひとり暮らしだし、朝そんなにやることもないので、朝準備セットなど必要ないです」という参加者がいます。朝ごはんは毎日シリアルと決めているし、朝の支度に時間がかかって困ることなどなく、朝準備セットに何を作ればいいかも思いつかないようです。このような方には朝準備セットは必要ないのではないかと思います。どのように対応したらよいでしょうか。

## A1 朝の行動をふりかえって、そのとき使用しているアイテムを書き出し、視覚化してもらいましょう

　朝の作業は無意識にまたは習慣的に行っていることも多く、イメージしにくい参加者もいることでしょう。

　そこで、まずはご本人に朝起きてからの行動をふりかえってもらい、その際に使用している場所やアイテムを書き出して、一覧表を作るよう促してみてはいかがでしょうか。

　例えば、布団から出たあと、まず取り組むことは？　洗面所で歯磨きをするなら、必要なアイテムは、歯ブラシ、歯磨き粉、コップ……といった手順で書き出して、視覚化してみます。そうすることで、無駄な動きや同時に取り組めそうな事柄が整理できて、どの部屋にどのアイテムを置くと効率がよいかがわかり、朝準備セットの必要性も感じてもらえるかもしれません。

# A2 実際に朝準備で使用している物について、記録（メモや画像）をとってきてもらいましょう

　どうしてもイメージしにくい場合は、タイムログをとったときの手順で、朝準備で使用した「物」を記録してもらうのもひとつの方法です。その際、どの部屋で何を使ったのかを書き出し（またはスマートフォンのカメラなどで撮影し）、重複しているものや、無駄になっている動きについてふりかえることで、朝準備セットを用意する動機づけになるかもしれません。

# Q20 朝やることが多すぎるけれど、どれも削れません

「朝準備でやることが多すぎて目が回りそうなんです。やっぱりこれ以上は時間を短縮するのは無理です。朝やるべきことを減らすなんてできません。どれも大事なことですから」と思いつめた顔をしている参加者がいます。どのように対応したらよいでしょうか。

## A1 朝にしか、自分にしかできないことはどれなのか判断してもらいましょう

第2回セッションの宿題「朝準備のタイムログをとる」（ワークブックp.46〜47）を一緒にふりかえってみましょう。たくさんの項目に日々の慌ただしさが反映されているかと思います。見るだけで手放したくなるような項目の量になっていることでしょうが、参加者にとってはどれも「すべき」行動です。実際、もう何年も何十年もそのような朝を過ごしていて、習慣化しています。活動を減らすと生活の変化に対応する必要に迫られるため、参加者が不安な気持ちになるのも理解できます。そんなとき、参加者と一緒に項目の取捨選択を考えてみるのもひとつの方法です。項目に、1点（朝しなくてもなんとかなる）〜10点（朝にしか、自分にしかできない）までの点数をつけてもらってください。10点のものだけを残し、9点以下は他の時間に組み込みます。

### ❶ 全部10点だった方

もう1時間早く起きることは可能でしょうか？　これは精神論ではありません。1時間早く起きる作戦は、その時間に起きたことのある方、または就寝時間を1時間早められる方におすすめします。そうでない場合は、

もう一度点数化の作業をふりかえってみましょう。

❷ 10 点以外の項目が出てきた方

　全部横並びで大切だった項目の中に、再考の余地のある項目があったというその気づきに対してフィードバックしましょう。9 点の項目が 1 つ出たら良しとしましょう。どう考えて項目を選んだのか、話をしてもらうことは、同じような悩みをもつ他の参加者の希望になるかもしれません。

## A2 「すべき」より「朝準備終了のごほうびタイム」を優先して設定しましょう

　とにかく朝は義務的な動きの多い時間帯です。なんとか起きて目を回しながら準備するのに、待ち受けるのは満員電車、不機嫌な上司の顔、デスクに山積みの書類……となるとなかなか気分も乗りません。朝のバタバタを乗り切って、気持ちよく 1 日を過ごすためのごほうびタイムを優先的に設定してはどうでしょうか。そのために、他の時間に回せそうな「すべき活動」はあるでしょうか？

　ごほうびの例：
・コーヒーを 1 杯淹れる時間を確保する。
・NHK の朝ドラを録画し、見てから出発する。
・ベランダの緑に水やりをしてちょっと眺める余裕をもつ。
・コーヒーショップに立ち寄って一息ついて出社する。

# Q21 早起きして、したいことをしようと するのに起きられないんです

「何度も朝早く起きて自分のためのごほうびタイムを確保しようとするのですが、うまくいきません」。このように言う参加者がいます。どうしたらよいでしょうか。

## A1 適正な睡眠時間を知ることができたと捉えてもらいましょう

こうした発言をする参加者からすると、何度も早起きに失敗しているような気持ちでいるかもしれません。リーダーやコリーダーからは別の見方を提供しましょう。「何時に起きようとしていますか？ 昨夜は何時に寝ましたか？ もしかすると、それが適正な睡眠時間なのかもしれません。睡眠記録をとることができましたね。きっとその時間が○○さんには必要なのですよ」と伝えましょう。時間管理は早寝早起きを推奨するものではなく、自分の暮らしを良くすることが目的です。「何回も睡眠時間のタイムログをとることができたともいえます。おかげで自分のリズムに合わせた時間管理に一歩近づけましたね」と励ましましょう。

## A2 睡眠時間を削るメリットとデメリットを検討してもらいましょう

「睡眠時間を削ってでも何かを頑張ろうとすること」のメリットとデメリットを参加者自身で考えてもらいましょう。例えば、睡眠時間を削るデメリットとしては、体調を崩しやすくなる、情緒不安定になる、美容にもよくない、不注意になりミスや事故を誘発するなど、大きな損失があるでしょう。

メリットと比較して、どちらが「長期的に見て」強いインパクトをもつ

かを判断してもらいます。

　ADHDの方は、一般的に過活動といわれています。睡眠時間を削ってでもしたいことがあるという方が多くいます。しかし、脳の実行機能をうまく働かせるためにも、ある程度の睡眠時間が必須であることをスタッフとしても認識しておく必要があります。

　「睡眠時間を削る必要があるなと感じますか？　それは『やることを増やしすぎているから、減らしたほうがいいですよ』というサインかもしれません」と伝えてみましょう。減らせるものはないか、本当に自分がする必要があるのか、他の人に頼むことはできないか、早朝ではなく昼間など、無理のない時間帯にすることはできないかを検討するよう促してみます。仕事で必要な書類を作るときに、「これは口頭で伝えるだけでもいいのではないか？　書面に残す必要はないのではないか？」など、必要性をそのつど検討して余計な仕事をカットしたり、家事をひとりだけでしなければならないと思い込んでいる人は家族に少しずつ任せてみたり、朝の忙しい時間帯にお弁当を詰めるのではなく前夜に詰めて冷蔵庫に入れておいたり、などがその工夫の例です。

# A3　朝起きて何がしたいのか明確にしましょう

　眠い目をこすってでも、飛び起きてでも「したい！」「やりたい！」ことを思い浮かべることができるかどうかを尋ねてみます。漠然と「朝1時間早く起きることができれば、自分のための時間をもつことができるのに」と考えるのではなく、「朝1時間早く起きれば、買ったばかりのあの雑誌が読める！　しかも美味しいコーヒーと共に！」と確実にワクワクするものが決まっているなら、成功率が上がることでしょう。一方で、こうして明確にイメージすると、「早起きしてまでそれをしたいわけではなかった」ということに気づくかもしれません。その場合には、自分のしたいこと、なりたい自分を明確にすることから始めてもらいましょう。

# Q★22 内容についていけず、おいてけぼり……

前回のセッションの夜更かしをやめる課題が未解決のままなので、今でも朝起きるのが遅く、昼過ぎに起きるのがやっとという参加者がいます。しかし、今回のセッションの内容は朝準備。他の参加者に置いていかれる場合、どのように対応したらよいでしょうか。

## A1 大事なサインです。未解決の課題は見過ごさず、再度分析しましょう

認知行動療法では、取り扱った課題が未解決な場合、その原因を分析し、問題解決に向けて話し合うことを大切にしています。

まず、スタッフは、「ADHD は、注意力や行動をコントロールする脳の働き（実行機能）に偏りがあるといわれているので、ついつい夜更かしをしてしまうことも少なくありません」と伝え、参加者の焦りを緩和し、自己効力感がさらに低下しないように保障します。また、「今やれるところから一緒に取り組んでいきましょう」などと、課題解決に向けて一緒に取り組んでいくことも伝え、参加者を勇気づけましょう。

そして、夜更かしが続いている現状を再度分析しましょう（ワークブック第 2 章 p.35〜36 参照）。夜更かしの原因が明確になっているか、夜更かしのメリット・デメリット分析が参加者の今の生活に合った具体的な項目になっているかをスタッフと参加者で確認しましょう。メリット・デメリット分析の項目をより具体的にすることで、参加者の困り感が明確になり、「書き出してみたメリットは、長い目で見ると、実はメリットではなかった」ということに参加者が気づくこともあります。

# A2 参加者の精神状態や生活状況も理解し、課題に取り組める環境を整えましょう

　課題が未解決になっている背景には、参加者ひとりでは解決することが難しいという状況があるのかもしれません。特に、大人のADHDでは複数の併存症をもつ可能性が高いです。例えば、夜更かしが「うつ病」による症状であれば、まず、うつ病の治療を優先することを検討します。また、「家族の介護などで夜中に起こされ、必然的に夜更かしになってしまう」ということもあるでしょう。そうであれば、「私は○時に寝るから協力してほしい」と周りに伝え、参加者が夜更かしをしなくてすむ環境を整えることも大切です。

# A3 今、取り組めるところから進めましょう。スタッフで役割分担をしましょう

　併存症や生活環境が原因で、すぐには夜更かしをやめる課題が解決できない場合は、朝準備の代わりに、起床した昼過ぎから出かけるまでの準備としてもよいでしょう。今、解決できる課題から柔軟に取り組みましょう。また、その際、スタッフは役割を分担し、リーダーはグループ全体のマネジメント、コリーダーは個別フォローに回るなどの工夫をしましょう。

第**4**章

# 忙しい夕方のバタバタを乗り切ろう

## 第4回の目標

◉ **標準目標**（多くの参加者が目指す目標）

❶ 短時間の To-Do リストの作成の仕方を知る。

❷ タイムログをもとに、帰宅してから寝るまでの計画を修正する。

❸ 夕方にやるべきことを漏れなくこなすことができる。

◉ **配慮目標**（グループ内で進展がやや遅めの参加者が目指す目標）

❶ 夕方にほぼ毎日やることの定番 To-Do リストをホワイトボードに書いて見やすくして、それをときどき見ながら動く。

❷ タイムログの宿題に失敗している場合には、その場で所要時間を見積もって、夕方の計画を立てる。

◉ **上級目標**（グループ内で進展が速い参加者向けのステップアップ目標）

❶ 短時間の To-Do リストを、隠れたステップも見逃さずにスモールステップで作成することができる。

❷ 期限の特に決まっていないやるべきことについても、My 締め切

りを設定する。

❸夕方の時間に実行するとミスをする可能性が高いなど、不向きな課題は他の時間帯に回す。

❹帰宅してから寝るまでの時間を有効に使う。

## 第4回の進行例

| 120分 | セッションの概要 |
| --- | --- |
| 10：00～<br>（20分） | ルールの確認<br>シェア：近況報告、前回の宿題のシェア 1人2分弱<br>・宿題①：朝準備の実際を記入する（p.52～53）<br>・宿題②：朝準備セットを作る（p.59）<br>・宿題③：夕方帰宅してから寝るまでのタイムログをとる（p.62～63）<br>（朝準備はうまくいきましたか、スケジュール帳を見る習慣はつきましたか、などを確認する） |
| 10：20～<br>（40分） | ❶やるべきことを忘れずにこなす（p.66～76）<br>・ワーク：夕方のTo-Doリストを作る（p.68～69） 10分<br>・To-DoリストのQ&A（p.70～72）、夕方のバタバタを解消するコツ（p.73～75）のポイントを解説 30分 |
| 11：00～<br>（45分） | ・ワーク：夕方帰宅してから寝るまでのタイムログをもとに予定を立てる（p.76～77） 15分<br>・シェア：各自のものをお互い見て回る 10分<br>・シェア：各自の夕方の時間に関する工夫を発表 1人2分弱 |
| 11：45～<br>（15分） | 宿題の設定<br>・宿題①：夕方帰宅してから寝るまでの実際を記入する（p.76～77）<br>・宿題②：連続3日間のタイムログをとる（p.80～81）<br>シェア：今日学んだことと感想を発表 1人1分 |
| 12：00 | 次回予告 |

## 第4回のつまずきがちな点と対処法 Q&A

以下のつまずきがちな点について見ていきます。

Q23　どうしても宿題ができません

Q24　宿題が計画どおりにできないと落ち込みます

Q25　スケジュール帳を使うのを忘れてしまいます

Q26　忙しくなると、スケジュール帳どころではないんです

Q27　仕事先や家族などの都合で予定が変更になりやすくて……

Q28　前夜から翌日の準備をするなんて、続けられません

# Q23 どうしても宿題ができません

　宿題をしてこない参加者が多くいます。セッション中の宿題の出し方、その後のフォロー、次のセッションでの取り扱い方など、何か工夫すべきことはありますか。

## A1　セッションの宿題の出し方を工夫しましょう

　セッション内ではまず、宿題を出すときに宿題の意義を伝えます。その際には、時間管理で困っている参加者のエピソードを具体例として挙げながら、宿題をするとこんなふうに役立つのだと伝えます。「このタイムログをとるという宿題は、みなさんの日頃している皿洗いや入浴などの所要時間を計るものです。なぜそんなことをするかというと、ADHD の方の多くは時間感覚が正確でないことが研究からわかっているからです。『駅まで５分くらいで着くと思っていたのになぜか間に合わなかった』とか、『少しぼーっとしていただけなのに、気づけば１時間たっていた』などという経験はありませんか。それが時間感覚です。ですから、あえて一度ルーティンの作業にかかる時間を計測して、その記録に基づいて計画を立てようとしているわけです。こうすることで、無理のない計画を立てることができるようになります」などと説明します。

　次に、各参加者の進行状況や特性に応じて宿題の難易度を多少調整することも大事です。例えば、第２回セッションのテーマの「夜更かし」がまだ克服できていないなら、「朝準備」の時間に行う宿題をこなすことは、かなり難しくなります。寝不足で、予定した時刻までに起きることができず、それ以降も計画倒れに終わることが多いからです。そうした場合には、第３回セッションのテーマである朝の計画についても、「寝坊したときの起床時刻でもなんとか間に合うようなプランにしてみたらどうでしょ

うか」と提案するなど、現状の起床時刻を基準にして生活を回していくための援助を考えたほうが、グループの流れにも置いていかれずにすみますし、宿題にも取り組みやすくなります。難易度の調整については、その他にも整理整頓の範囲を狭めたり、取り組む時間を短めに設定したり、今回の宿題である「連続3日間のタイムログをとる」を1日分に短縮したりするなどのアイデアがあります。参加者に「無理なくできるものを設定しましょう」と声をかけながら、協同的に宿題を調整していきます。

その後、セッション中に必要に応じて宿題に取り組む手順を確認します。例えば、1日の過ごし方を記録する宿題では、「何月何日のどの時間帯で記録しますか？　どこでどの記録用紙に記録しますか？　宿題が終わったあとのごほうびは何にしますか？」と聞いたうえで、それをスケジュール帳に記入してもらいます。宿題のための事前準備については、ワークブックの各章の終わりのページにありますので、宿題について伝えるときに参考にしてみてください。

また、第2回セッションで初めて課されるタイムログをとる宿題では、実際にセッション中に、スマートフォンのタイムログ用のアプリを起動させて、予行練習を行います。「説明のページ（ワークブック p.44）をあとで読んでおいてください」や「あとで各自でインストールしておいてください」「あとで練習しておいてください」ではなく、「今のうちに一度練習してみましょう」とセッション中にリハーサルします。リハーサルすれば、参加者は「こうすればいいんだな」ということがわかりますし、わからなければ質問することでセッション中に疑問を解消しておくことができます。これは大きな成功の秘訣です。

さらに、宿題以外でも時間管理のアイデアを募集することで、セッションは参加者のためのもので、参加者が主体的に作り上げるものなのだということが伝わります。例えば、時短アイテムの写真や、おすすめのスケジュール帳の写真、注意が散漫にならないようにするためのストップウォッチの写真などです。これらを宿題のシェアの時間に一緒に紹介する

ことで、グループを活性化させることができます。

# A2 次のセッションまでのフォローを工夫しましょう

　グループのセッティングによりますが、週に一度のみグループセッションが開かれて、それ以外の接点がスタッフと参加者との間にない場合には、宿題の提出をメールで求めることがあります。メールを送るとなると、「どんな文章にすべきだろうか」と構える方も多くいます。そうした障壁を取り払うために、こんなメールをスタッフからあらかじめ出しておくのもよいでしょう。「【宿題の提出方法】このメールに返信する形でお願いします。本文は『（スタッフの名前）さんへ宿題を提出します。（参加者の名前）より』だけでけっこうです」

　よくある例として、セッション中にあまりにも難しいことを宿題に挙げてしまう参加者がいます。しかもグループの中ではプライドもあって修正したくないようです。そんな場合には、宿題の締め切り日よりも少し前に予備締め切りを設けます。そして参加者全員にこうアナウンスします。「みなさん、今回の宿題は難しいですね。念のため、本来の締め切りより前の○月△日に予備締め切りを設けます。これは宿題の途中経過を報告するものです。宿題をちょっとしてみて、『これは間に合いそうにないな』とか、『思ったより大変なことがわかった』という場合には、その予備締め切りのときに教えてください。少し宿題の内容を変更してみます。いかがでしょうか」。こうすれば、参加者全員が安心して取り組めます。

# A3 次のセッションでの取り扱い方を工夫しましょう

　参加者から寄せられた宿題は、必ず次のセッションで紹介します。これまで私たちが実施してきたグループセラピーの参加者に、終了時に役に立ったことを聞くと、全員が「宿題のシェア」と答えてくれました。宿題

の達成を他の参加者が喜んでくれたり褒めてくれたりすることは、何より
の励みになるようです。自分のアイデアが他の参加者の悩みの解決につな
がることも、参加者の自己肯定感を高めてくれます。シェアには十分に時
間をとるようにします（各回の進行例の表に所要時間の目安が記載されて
いますので、参考にしてください）。

　また、集団の力を活用することもできます。例えば、各回の宿題が達成
されるたびに、大きなパズルの絵のピースを参加者が1人1つずつ埋めて
いくようにします。多くの参加者がなるべくすべての宿題をクリアするこ
とで、絵が仕上がっていくのです。これをセッション中にもグループのよ
く目につくところに掲示しておくと、モチベーションを高めることができ
ます。

# Q★24 宿題が計画どおりにできないと落ち込みます

前回の宿題であった朝準備が計画どおりにできず、落ち込んでいる参加者がいます。どのように対応したらよいでしょうか。

## A1 宿題の目的を明確に伝え、失敗していないことを伝えましょう

日々の生活が予定どおりにいかないというのはよくあることです。前回の宿題は、立てた予定が実際にうまくいくかどうかを確かめることが目的です。計画どおりにできなくても問題ではないことを伝え、実際はどうか確かめることができたのだから宿題は達成できていると十分にねぎらい、予定どおりにいかないのはよくあることだと共感しましょう。実際を知ることにより、現実に即した対策を練ることができるのです。それを踏まえたうえで、朝準備が計画どおりにできなかった要因について一緒に考えていきましょう。

## A2 計画どおりにいかなかった原因と対策を一緒に考えましょう

❶ 参加者本人に原因がある場合
→ ワークブック第3章 p.54〜55 の「朝準備のバタバタの原因と対策」を参考にしながら、もう一度一緒にふりかえってみましょう。

❷ ご本人以外（家族など）の都合で計画どおりにできなかった場合
→ ご家族の都合によって計画の変更が必要になることもあります。そのようなことが予測される場合は、それらに対応できるような工夫をしましょう。これは朝に限らず、他の時間帯でも応用でき

ます。次にいくつか例を挙げます。

- 予定を家族にもわかるように事前に告知しておく。家族が共有できるカレンダー機能付きアプリや貼り紙を活用すると、計画どおりに進められるかもしれません。
- 急な予定変更に柔軟に対応できるよう、計画の中に予備時間を確保する。
- 毎日の行動に優先順位をつけ、端折るものを事前に決めておくとよいでしょう。また、○時を過ぎたら、○○は端折るなど、時間で管理しておくのもおすすめです。
  例：6時半を過ぎたら、お弁当作りは諦めてコンビニで購入するなど。
- 参加者にお子さんがいる場合、お子さんのスケジュール管理を親がしすぎていないか見直してみるのもよいでしょう。関与しすぎている場合は、スケジュールへの関与を減らすことで時間に余裕ができ、子ども自身が自立できるようになるかもしれません。

# Q★25 スケジュール帳を使うのを忘れてしまいます

まだスケジュール帳を見る習慣がついていないため、書いた予定を見忘れたり、そもそも予定を書き忘れたりする参加者がいます。どのように対応したらよいでしょうか。

## A1 生活の中で習慣化している作業や行動の時間内にスケジュール帳を開き、予定を確認するよう促しましょう

毎日の生活の中で、すでに習慣化している作業や行動についてふりかえってみます。例えば、出勤したらデスクに座る、朝はコーヒーを飲む、車で出かける、電車に乗る……など。そのいずれかに「スケジュール帳を開く」を、セットで組み合わせてもらいます。実際に取り組んだ様子をモニタリングしながら、うまくいかないようであれば他の習慣と組み合わせて再度チャレンジです。スケジュール帳を確認することを生活の中で「習慣化」する工夫が大切です。

## A2 スケジュール帳以外のツールを活用しましょう

いつもスケジュール帳を身近に置いておくことができない、そのつどスケジュール帳を開く作業が負担に感じてしまう、などの課題がみられる参加者には、付箋やメモ、携帯電話やスマートフォンのアプリ機能など、ご本人に合った方法でスケジュールをメモしておき、スケジュール帳の確認時間に転記する、などの工夫を取り入れてもらいます。

また、なかには、書字障害などで書くこと自体が負担となる方もいます。その場合、スケジュール帳のノウハウを、電子ツール（携帯電話、ス

マートフォン、タブレット）などに応用するのもひとつの方法です。

# Q26 忙しくなると、スケジュール帳 どころではないんです

忙しかったり、体調不良などでスケジュール帳を開けなくなるという参加者がいます。どのように対応したらよいでしょうか。

## A1 スケジュール帳の置き場所を工夫してハードルを下げましょう

スケジュール帳を開くことへのハードルを下げるため、置き場所などを工夫してみるよう促します。例えば、リビングのテーブルなど、いつも朝食時に座る場所があれば、そこに置いて、朝から眺めることを習慣化します。そして、スケジュールを朝から確認することで感じた変化（メリット・デメリット）などをふりかえってもらい、客観的な分析を促しましょう。

## A2 スケジュール帳疲れであれば、少し距離を置いてみてもよいかもしれません

「スケジュール帳をしっかり埋めなければ……」「スケジュール帳に書いてあることをこなさなければ……」と、スケジュール帳管理自体がプレッシャーとなっているようなことはありませんか。参加者が自分らしく生活できるようになることが本プログラムの目的です。スケジュール帳管理がストレスや負担になっている様子がみられる場合は、思い切っていったん距離を置くことも必要です。または、今日1日頑張った自分をほめる言葉を1つ記す、大きな花丸をつける、など、スケジュール帳を開くことへのハードルが下がるような向き合い方をおすすめしてみましょう。

# Q★27 仕事先や家族などの都合で予定が変更になりやすくて……

　仕事や家族の都合で予定が変更になりやすいとか、予定が複数あり、「普段の」予定が立ちにくいため、なかなか予定を立てることに意味を見出せずモチベーションを上げられないという参加者がいます。どのように対応したらよいでしょうか。

## A1　このプログラムに参加した目的をふりかえりましょう

　プログラムに参加している間は、普段の忙しさに加え、宿題をする時間やプログラムに参加する時間などが加わります。そんな大変な思いをしてまでも、このプログラムに参加してみようと思ったきっかけや、解決したい困り事は何だったかをスタッフと一緒にふりかえりましょう（ワークブック第1章 p.4 参照）。もし、変更になりやすい予定や複数の予定があって、例えば夕方にやることが多すぎてパニックになることを解決したいとか、やらなくてはならないことが多すぎてなかなか重い腰が上がらないといったことがあるとすれば、このプログラムはとても役に立ちます。

## A2　「実行できる予定の立て方」を工夫しましょう

　このプログラムは時間管理ができるようになることによって、自分で立てた予定をそのとおりに実行できるようになることを目的としています。予定を立てても実行できないのであれば、予定を柔軟に変えていくという方法もあります。例えば、夕方の子どものお迎えの時間がその日によって変わり、予定が定まらないときは、「早い帰宅のプランA」「遅い帰宅のプランB」など、あらかじめ選択肢を作っておくことを提案してみましょ

う。そして、「今日はプランＡで行くつもりだったけれど、この時間なら
プランＢにしよう」というふうに柔軟に予定を切り替えるようにしてもら
いましょう。

　終わりや始まりの見通しが立ちにくい事柄こそ、柔軟に予定を立てて、
気持ちよく実行できるようにすることが大切です。

# A3　複数の予定が入っている場合は、最低限のルーティンを優先しましょう

　複数の予定がある場合、ADHD の特性で、ついつい目先のものから取
りかかってしまい、寝るのが遅くなるといったことがよく起こります。
　ですから、まずは前回の宿題となっていた夕方のタイムログ（ワーク
ブック p.63）から、ルーティンとなっている活動（夕食、入浴、睡眠）を
見つけ出しましょう。その予定は動かさずに、それ以外の時間に、複数あ
る活動をタイムログに基づいて組み入れていくなど、活動の優先順に予定
を立てることを提案してみましょう。

# Q28 前夜から翌日の準備をするなんて、続けられません

朝準備セットとして、次の日に持っていくものを前日に用意してみましたが、毎日前日の夜にやらないといけないので、今後続けられそうにないという参加者がいます。どのようにしたらよいでしょうか。

## A1 朝準備セットとして、次の日に持っていくものを用意する意義を再確認しましょう

朝準備セットとは、朝の準備を楽にするためのセットのことです（ワークブック第3章 p.58）。とはいえ、朝の準備を楽にするために、前日の夜にやることとして、今までやっていなかったことを追加することに対して、おっくうで続かないと思ったとしても当然かもしれません。まずは、朝準備セットとして、次の日に持っていくものを用意することに決めた理由を再度思い出してもらいましょう。その準備をしておくことが参加者の朝の時間をどれくらい楽にするのか、あるいは準備をしないことで朝の時間にどれくらい困っているのかを再度話し合ってみましょう。

## A2 夕方から夜にかけての時間の使い方を見直してみましょう

朝準備セットという名称ですが、実際にセットを作るのは夕方から夜にかけての時間帯になります。ワークブックの第4章のテーマは、「忙しい夕方のバタバタを乗り切ろう」です。プログラムのこの章に取り組む際には、次の日に持っていくものを準備する時間についても検討してみましょう。帰宅後すぐ、夕食後、夜寝る前など、どの時間帯に組み込むと、忘れずに毎日こなすことができそうでしょうか。また、今までの行動を変え

て、やっていなかったことに新たに取り組み、継続するためには、次の日の朝が楽になるという遅延した報酬よりも、取り組んだ直後の報酬が有効なこともあります。参加者の行動を変えるための有効な報酬を参加者と一緒に探してみましょう。

第**5**章

# 日中を効率よく過ごそう

## 第5回の目標

◉ **標準目標**（多くの参加者が目指す目標）

❶ 1日を通しての時間管理を身につける。

❷ すきま時間を活用する。

❸ 複数の物事に優先順位をつけてこなす。

◉ **配慮目標**（グループ内で進展がやや遅めの参加者が目指す目標）

❶ 1日のルーティンの予定を立てることができる。細かいすきま時間は埋まらなくてもよい。

❷ ルーティンの間のすきま時間（突発的に生じるものでなく、あらかじめ空くことがわかっている、予定と予定の間の時間。例えば、電車移動など）に気づく。

❸ 上記❷のあらかじめわかっているすきま時間にちょうどよい課題を見つける。

❹ 複数の物事をリストアップし、締め切りに基づいて優先順位をつける。

◉ **上級目標**（グループ内で進展が速い参加者向けのステップアップ目標）

❶ 1日の流れの中で、ついでに済ませると効率のよいものをまとめて遂行し、時間を有効に使う。

❷ あらかじめわかっているすきま時間だけでなく、相手の都合や交通機関の状況などによって突発的に生じたすきま時間にやるとちょうどよい「やること」をこなす。

❸ すきま時間に完遂できないような大きな「やること」でも、細かくステップに分けて遂行する。

❹ 複数の物事をリストアップし、緊急性と重要性に基づいて優先順位をつける。

# 第5回の進行例

| 120分 | セッションの概要 |
|---|---|
| 10：00〜<br>（20分） | ルールの確認<br>シェア：前回の宿題のシェア<br>・宿題①：夕方帰宅してから寝るまでの実際を記入する（p.77）<br>・宿題②：連続3日間のタイムログをとる（p.80〜81）<br>シェア：近況報告、前回のふりかえりを発表　**1人2分弱** |
| 10：20〜<br>（40分） | ❶うまくスケジュールを組む（p.84〜89）<br>・シェア：1日の計画立てについての現状を発表<br>・ワーク：明日のスケジュールを組む：1日の時間管理を練習する（p.86〜87）　**10分** |
| 11：00〜<br>（45分） | ❷すきま時間を活用する（p.90〜91）<br>・ワーク：すきま時間にちょうどよい小さな仕事（p.91）　**15分**<br>・シェア：各自のすきま時間を活用するアイデアを発表<br>　**1人2分**<br>❸仕事が多すぎパニックを克服する：優先順位づけ（p.92〜93）<br>　**14分** |
| 11：45〜<br>（15分）<br><br>12：00 | 宿題の設定<br>・宿題：連続3日間の予定と実際を記入する（p.87〜89）<br>シェア：今日学んだことと感想を発表　**1人1分**<br>次回予告 |

## 第 5 回のつまずきがちな点と対処法 Q&A

以下のつまずきがちな点について見ていきます。

Q29　私にはすきま時間なんてありません！

Q30　すきま時間を活用するワークができません

Q31　すきま時間にちょうどよい作業をするのに必要なものを忘れてしまいます

Q32　子どもの送迎の待ち時間はどう過ごしたらよいでしょうか

Q33　ルーティンになると飽きてやる気がなくなってしまいます

# Q29 私にはすきま時間なんてありません！

「私にはすきま時間なんてありません！ もう十分ギリギリの時間で頑張っているんです。忙しいんです！」という参加者がいます。どのように対応したらよいでしょうか。

## A1 このプログラムに参加する目的をふりかえってもらいましょう

これは、「ギリギリの時間で頑張って忙しい日々を送る」という時間の使い方を今までされてきた参加者なら思わず出てしまう言葉です。「これ以上頑張れって？ もう無理よ！」。参加者はそんな思いを抱いているかもしれません。まず、大事なのは、その忙しい時間の使い方を参加者が続けたいのかどうかです。参加者が最初に立てた「なりたい自分」（ワークブック第1章 p.16〜21 参照）をスタッフと共にふりかえり、もう一度、今の忙しい時間の使い方をどうしたかったのかを見つめ直してもらいましょう。

## A2 参加者にすきま時間を活用する目的を伝えましょう

すきま時間を活用するとは、すきま時間を全くなくして、時間のあるかぎり活動を入れ込むということではありません。見逃されやすいすきま時間にまで目を配り、自分の大切な時間としてどう使いたいのかを計画していくものです。すきま時間に「お茶をする」「3分くらいぼーっとする」といった予定を入れたり、「毎日忙しい私のミニミニごほうびタイム」を設けたりしてもよいのです。すきま時間を、優先している活動の「サポート時間」として柔軟に活用してもらいましょう。

# Q30 すきま時間を活用するワークが
## できません

　すきま時間を活用するワークのところ（ワークブック p.91）で、手が止まってしまっている参加者がいます。どのように対応したらよいでしょうか。

## A1 参加者自身が生活の中の「すきま時間」にピンときているかどうかを確認しましょう

　その参加者が、自分の生活のどこに「すきま時間」があるのかにピンときているかどうかを確かめます。「○○さんの生活の中に、すきま時間はありそうでしょうか？　すきま時間は数十秒から 15 分間くらいの時間です。例えば……」と次のようなリストを提案できるとよいでしょう。

| 在宅中 | 外出中 |
| --- | --- |
| 子どもの習い事の送迎の待ち時間<br>テレビの CM中<br>洗濯がもう少しで終わりそうなとき<br>子どもがご飯を食べ終わるまで | 洗車中<br>ガソリンを入れてもらっている間<br>電車での移動中<br>バスでの移動中<br>電車・バスの待ち時間<br>レストランでの待ち時間<br>病院での待ち時間<br>友達との待ち合わせに早く着いたとき<br>銀行での待ち時間<br>信号の待ち時間<br>レジで並んでいる間<br>このプログラムの待ち時間 |
| **仕事中** | |
| 大量印刷の待ち時間<br>通勤中<br>会議中<br>会議の始まる前<br>昼休みの残った時間<br>内線電話で待たされている間 | |

具体的にいくつか例を示すことで、参加者が自分の生活にもあるすきま時間をイメージしやすくなります。

## A2 すきま時間にぴったりな作業の例を挙げて選んでもらいましょう

数十秒から15分間にぴったりの小さな作業といっても、すぐには思い浮かばないものです。次のような選択肢をこちらから提示してみると、参加者もイメージしやすくなり、「ああ、そういうのでいいんだな」と、すきま時間にできそうな何かを思い浮かべられることでしょう。

| | |
|---|---|
| スケジュールを立てる | やりたいことリストを作る |
| スケジュール帳をチェックする | メールの返事をする |
| 読みたい本を読む | 不要なメールを削除する |
| 市政だよりを読む | ダイレクトメールを捨てる |
| いつか受講したい講座一覧に目を通す | 不要なレシートを捨てる |
| お礼状を書く | 今日のおかずを考える |
| 週末何をするか考える | 薬局に行ったら買うもののリストを作る |
| ポイントシールを台紙に貼る | 大切な人の誕生日が迫っていないか確認する |
| 美容室を予約する | |
| 歯医者を予約する | 雑誌の処分 |
| 子どもの学校の資料を読む | 電池交換 |
| ネット通販で買い物をする | 新聞と広告の仕分け |
| ネットスーパーで注文をする | ポストをのぞく |
| お中元やお歳暮の手配 | 爪を切る |
| 買い物リストを作る | 耳かき |

# Q31 すきま時間にちょうどよい作業をするのに必要なものを忘れてしまいます

すきま時間にするとよいことのために必要なものを持っていくのを忘れてしまう参加者がいます。歯医者の待ち時間など、そのときになって、「あ！　持ってきたらよかった！」と気づくパターンのようです。どのように対応したらよいでしょうか。

## A1 スケジュール帳に、想定されるすきま時間も記入するように伝えましょう

スケジュール帳に「病院受診」と書く場合には、移動時間および待ち時間も一緒に記入することで、より具体的に自分の行動をイメージできます。見えない時間を書き出すなかで、すきま時間の把握が可能になります。どんな活動と活動の間に、または活動中にすきま時間があるのか検討してもらいましょう。

## A2 スケジュール帳タイムを活用してもらいましょう

すきま時間に活用できそうな活動を付箋に書き出し、スケジュール帳に貼りつけます。スケジュール帳を開くと、すきま時間にしたいことが目につきます。外出の予定であれば、当日の荷物として、絶対必要なものに加え、すきま時間に作業をするのに必要なものを揃えるまでをスケジュール帳タイム一連の流れとして考えてもらいましょう。

## A3　すきま時間にできそうなものを忘れても、くよくよする必要はないと伝えましょう

「あ！ 忘れた！」と思い出した瞬間、できていない自分に焦点を合わせてがっかりしがちですが、まずは思い出したことを良しとしましょう。一呼吸置いてから、持ち歩いているスケジュール帳を眺めるだけでもいいし、周囲の景色を見渡してもよいかもしれません。すきま時間までの間に活動を詰め込みすぎて、休憩をとれていない可能性もあります。

そんなときは、すきま時間をリフレッシュの時間と考えてもらってはどうでしょうか。居眠りやコーヒーブレイクも立派なすきまの活用に含まれます。目を閉じて、すきま時間までの活動をふりかえってもよいかもしれません。手元のスケジュール帳に、すきま時間に考えたことやふりかえりを書き出すことは日々の活動記録にもなります。「すきま時間にすることのために必要なものを用意する余裕がなかったけれど、なんでだろう？ 昨日はどうだったかな？　明日はどうしよう？」と自問する時間も大切だと伝えましょう。

# Q32 子どもの送迎の待ち時間は どう過ごしたらよいでしょうか

子どもの習い事の送迎の待ち時間など、すきま時間というより、1時間ほどの待機時間がたくさんある場合には、どうしたらいいかわからないという参加者がいます。どうしたらよいでしょうか。

## A1 参加者に現在の過ごし方をふりかえってもらいましょう

すきま時間というより、待機時間（1時間程度）がある場合、今現在どのように過ごしているのかを確認してもらいましょう。「たくさんある」のように、量に関する表現がある場合、その頻度を確認し、明確にしてもらいます。1時間ほどのすきま時間は、どの程度の頻度であるのでしょうか？　1日1回ですか？　週に1回ですか？　スケジュール帳を開いて、すきま時間の見える化を一緒にやってみましょう。すでに、本を読む、SNSやスマートフォンのゲームなど、何かしらの活動を行っているはずですので、いつ、どこで、何をして過ごしているのかを、おおよそ15分ごとに一緒にふりかえってみましょう。1時間の行動観察からは、たくさんのヒントが得られるかもしれませんので、そこから待ち時間の過ごし方を一緒に考えましょう。

## A2 現状での過ごし方に不満がある場合、「どうなりたいのか」、目標をふりかえってもらいましょう

この時間管理プログラムで目指すのは、時間の効率的な使い方ではありません。スケジュール帳をきれいに完璧に埋めることでもありません。まずそのことを思い出してもらいます。すきま時間（15分程度）から、家

族や他人に合わせる待機時間（1時間程度）まで、意図せず活動に制約を受ける時間は案外と多いものです。そんなとき、どう過ごしたいのか、どう過ごすほうが自分にとって健康的なのか、満足感が得られるのか、最初に立てた目標を参考に一緒に考えてみましょう。

待機時間の過ごし方について、現状と、「こうしたい」プランとの両者でメリットとデメリットを一緒に分析してみましょう。「こうしたい」けれど、現状ではそうなっていないのであれば、そこに隠れたメリットがある場合もあります。

## A3 1時間は、15分のすきま時間×4回の連続体なのだと伝えましょう

現状を確認して、どうなりたいのかまで参加者が考えられたら、あとは「何を」を考えていきます。

1時間かけてやることを探すのは難しくても、15分のすきま時間でできることを4つこなせると考えてもらえば、参加者にも、ちょうどよい活動が浮かぶかもしれません。財布の整理や車中の片づけ（窓ふき）などの例を出すとイメージしてもらいやすいでしょう。また、本やレターセットなど、こうした15分単位のすきま時間に必要な道具もあるかもしれません。その道具を常に持ち歩く習慣も合わせて提案してみます。道具を持っていくのを忘れた際の活動についても、ストレッチやマッサージなど、代わりにできることのアイデアを出し合いましょう。

# Q33 ルーティンになると飽きてやる気が なくなってしまいます

　参加者の中には、いつもと違う特別なことになら新鮮でやる気がわくの に、すぐに飽きてしまうのでルーティンになったとたん気が緩み、忘れて しまったりサボってしまったりする人がいます。どのように対応したらよ いでしょうか。

## A1　まず、ADHD の特性とつなげて考えましょう

　ADHD の方の脳は、「新しいもの」にはやる気が起こりやすいのです が、日々の「ルーティンワーク」「しなければならないこと」にはなかな かやる気がわいてこないようです。ですので、このプログラムに取り組む ADHD の方が「ルーティンは飽きるし、やる気が出ない」と言うのももっ ともなことなのです。参加者が自分自身を責めるような悪循環に陥らない ように、「ADHD の特性を知る」心理教育も役立ちます。

## A2　特性を活かしたルーティンへの取り組みを提案しましょう

　ルーティンに飽きやすいのであれば、飽きない工夫をして計画を立てま しょう。そこで大事なのは、ADHD の特性である「目新しいものに対す る動機づけの高さ」を活かした計画づくりです。例えば、同じルーティン だけれど、その後のごほうびを毎回変えてみたり、自宅でのルーティンを 行うときに、「今日は実況中継風に自分の行動を話しながら」「憧れの有名 人になったつもりでやってみる」など、ワクワクしながら取り組める工夫 を提案しましょう。

# 面倒なことに重い腰を上げよう

## 第6回の目標

◉ **標準目標**（多くの参加者が目指す目標）

❶ 1週間を通しての時間管理を身につける。

❷ 重い腰を上げる方法を学ぶ。

◉ **配慮目標**（グループ内で進展がやや遅めの参加者が目指す目標）

❶ 1週間のうち決まっている予定のみ、もしくは、1日分の予定を記入することができる。

❷「生活必需品の置き場所を決める」課題について、スモールステップに分解する。

❸「生活必需品の置き場所を決める」を実行する。

◉ **上級目標**（グループ内で進展が速い参加者向けのステップアップ目標）

❶ 1週間の予定を、決まっているものだけでなく、やるべきことややりたいことも含めて計画する。

❷ 今抱えている面倒なことを1つ選んでスモールステップに分解し

て、計画を立てる。


## 第 6 回の進行例

| 120分 | セッションの概要 |
|---|---|
| 10：00〜<br>（20分） | ルールの確認<br>シェア：近況報告、前回のふりかえりを発表　**1人1分**<br>シェア：前回の宿題のシェア　**1人1分**<br>　・宿題：連続 3 日間の予定と実際を記入する（p.87〜89） |
| 10：20〜<br>（40分） | ワーク：最近の連続 3 日間をチェックする（p.97）　**14分**<br>　チェック①：予定と実際が違う原因<br>　チェック②：やるべきこととしたいことのバランス<br>　チェック③：健康と安全のチェック<br>　・シェア：3 日間を記録して気づいたこと　**1人2分**<br>❶1 週間の時間管理をマスターする（p.98〜99）　**10分** |
| 11：00〜<br>（45分） | ❷面倒なことに重い腰を上げる：大きな仕事に対処する（p.100〜107）<br>　・F さんの例〜自己活性化のテクニック（p.100〜103）を音読<br>　・ワーク：大きな仕事を分解する：「生活必需品の置き場所を決める」計画を立てる（p.104〜109）　**20分**<br>　・シェア：行動計画を発表　**1人2分** |
| 11：45〜<br>（15分） | 宿題の設定<br>　・宿題：「生活必需品の置き場所を決める」プロジェクトの予定を実行する（p.108〜109）<br>シェア：今日学んだことと感想を発表　**1人1分** |
| 12：00 | 次回予告 |

## 第6回のつまずきがちな点と対処法 Q&A

以下のつまずきがちな点について見ていきます。

Q34　宿題をしていないので、今回のワークに取り組めません

Q35　課題が簡単すぎます……

Q36　スモールステップに分けるのって難しいです

Q37　スモールステップで進めていましたが、途中でつまずいてしまいました

Q38　はりきって宣言した宿題、いざとなるとやる気がわきません

Q39　私がやらなくちゃ……、そうやっていつも抱え込んでしまうんです

# Q34 宿題をしていないので、今回のワークに取り組めません

　前回セッションの宿題である「連続３日間の予定と実際を記入する」ができなかった参加者がいます。この記録がないとワークが進められないのに、どうしたらよいでしょうか。

## A1 参加者が「このプログラムを継続するために、今、できていること」に目を向けましょう

　宿題ができないままプログラムに参加するのは、とても勇気がいりますし、「自分は無能だ」というスキーマのある方ならなおさら、「やっぱり私ってダメだわ」となって、次の宿題へのモチベーションもがた落ちになるかもしれません。

　スタッフは「今、ここで」、この参加者がプログラムを継続できていることをしっかりほめましょう。「よく来られました」「来られただけで100点満点」など、今できていることにスタッフと参加者が目を向けることで、宿題に取り組む意欲を支え、ドロップアウトを防ぐこともできるでしょう。

## A2 宿題の実行可能性を確認し、実行できる宿題に調整しましょう

　タイムログをとることや予定と実際の記録は大変労力のいる作業で、参加者から「やっととれました」と言われることもあります。まず、宿題を出すときは達成可能なものを選びましょう。例えば、宿題はスタッフから「提案型」で伝えると、参加者がどの程度、宿題を達成できそうなのかを事前に知ることができます。「次回までに○○をしてきてください」と言

い切る代わりに、「次回までの宿題を○○にしようと考えていますが、み
なさん、いかがですか？　余裕でできる（実行可能性）を100、全く無理
を0として、今、どの程度できそうと思われますか？」というふうにス
ケーリングを取り入れ、参加者がどの程度できそうかを事前に確認しま
しょう。例えば、参加者が「3日間の予定と実際の記録なら（実行可能性
は）50だけど、1日だったら90」というときは、達成できる可能性が高
い宿題に置き換えましょう。

# Q☆35 課題が簡単すぎます……

　共通課題「生活必需品の置き場所を決める」（ワークブック p.104〜107）を行うときに、ある参加者が「印鑑や通帳なんて失くしません」「うちはきれいなんです」と言いました。その方の家はきれいに整理整頓できているようなのです。こういう場合には、どうしたらよいでしょうか。

## A1　念のため、その参加者が自分の問題を皆に隠したがっているか、否認したがっている可能性を心に留めておきます

　その参加者が、今回の共通課題に限らず、どのセッションの課題についても、「簡単すぎる」「私は困っていない」と発言している場合には、皆の前で問題を認めたくない可能性があります。その可能性を心に留めつつ、「この時間をどんなふうに使えば役に立つでしょうか」と問いかけてみるのもよいでしょう。その参加者にさりげなく参加の動機を問うことができます。

## A2　ステップアップ課題に進みましょう

　参加者が問題を否認しているわけではなく、すでに共通課題を達成している場合は、ステップアップ課題（ワークブック p.110〜113）へ進みましょう。第6章では共通課題の内容よりも、大きな仕事を分解し、ステップに分ける手法を学ぶことが重要です。

　参加者のニーズに応じて、なるべく柔軟に課題の難易度をカスタマイズしていきましょう。

# Q36 スモールステップに分けるのって難しいです

課題をスモールステップに分けるワークでつまずいている参加者がいます。どのように対応したらよいでしょうか。

## A1 目指したいイメージ（ゴール）を明確にしてみましょう

まずはどんな自分になりたいか、そうすることでどんなメリットがあるのか、具体的にイメージしてもらいましょう。例えば、昼夜逆転した生活を送っている方が、目指すゴールとして朝6時に起きて朝ごはんに大好きなパンとコーヒーで優雅に過ごす……そんなイメージ（ゴール）を抱いたとします。このイメージをその参加者の得意な方法で明確にしてもらいます。話すのが得意な人はペアワークで話しながらイメージを鮮明にします。絵が得意な人はイラストで、文章にするのが得意な人は文章でもよいですし、箇条書きでもかまいません。ネットでイメージに近い画像や動画を探してもらってもよいでしょう。

## A2 大まかに分けて、そこからさらに細分化しましょう

次はその行動を少しずつ細分化するよう声かけしてみましょう。まずは、(1) 朝起きる、(2) パンとコーヒーで優雅に過ごす、となります。そして、(1) を達成するために、(1-1) 目覚ましを用意する、(1-2) 生活リズムをスケジュール帳に書いてみる……、(2) を達成するために、(2-1) おいしいパン屋さんをリサーチする、(2-2) 自分専用のコーヒーカップを購入する……と細かくしていき、一番取り組みやすい作業、モチベーションが高まりそうな作業から取り組んでみるよう促しましょう。

# Q37 スモールステップで進めていましたが、途中でつまずいてしまいました

･･････････････････････････････････････････････････

　大きな課題をスモールステップに分けて計画を立てたまではよかったのですが、ステップの途中で挫折してしまった参加者がいます。どのように対応したらよいでしょうか。

## A1　まずは成功を目指しましょう

　基本原則として、課題や宿題は、参加者にとって失敗の少ないレベルに調整することがスタッフ側には求められます。つまずいたという場合は、スタッフ側の見積もりの甘さについても検討する必要があります。計画が壮大すぎていないか、計画実行への動機づけはできていたか、などは大切な要素です。プログラム終盤には、日々、時間管理する疲れもたまっています。過去につまずいたときの立ち直り方など、つまずきの中から得られた情報を次のステップへとつなげる「七転び八起き」の気持ちで一緒に検討しましょう。

## A2　つまずきに隠された努力を皆でねぎらいましょう

　スタッフ側から見ると、つまずいたポイントというのは、介入のチャンスです。参加者側から見ると、つまずいたステップは、自分自身への大切な気づきを得るチャンスです。何より、スモールステップに分解しなければならないプロジェクトに取り組む段階まで進んできた！ という、これまでの努力をしっかりとセッション中にねぎらいましょう。遅刻せずにセッションに参加している、今週の宿題も提出できた……、そう、もうすでに多くの努力が積み重なっています。ちょっとつまずいた、ちょっと

セッションに疲れた……、それは真剣に課題に取り組んだからこそ得られる体験なのです。

## A3 ワークブック p.101〜103「自己活性化のテクニック」を再度確認してもらいましょう

　グループセッションの場合、時間に制約があるため個別セッションほどスモールステップ作成のための時間を確保できないということも想定されます。参加者にとって、最も親しみをもてる自己活性化のテクニックはどれでしょうか？　時間で区切る方法ですか？　個数で区切る方法ですか？　自分に合ったやる気スイッチの押し方を試行錯誤して報告してもらうのもよいかもしれません。完璧に一段目をクリアすることよりも、まずは大雑把でもよいから足を前に出すことに焦点をあててもらいましょう。

# Q38 はりきって宣言した宿題、 いざとなるとやる気がわきません

「面倒なことに重い腰を上げる」のところで、これまで手をつけていなかった家じゅうの断捨離など、大きすぎる課題を挙げてしまう参加者にはどのように対応したらよいでしょうか。

## A1 最初の一歩を設定できるよう支援しましょう

　宿題の設定の前に、ワークブック p.101〜103 の「自己活性化テクニック」の項目を皆で音読します（時間がなければ、自己活性化テクニックのの項目をいくつか解説します）。家の中の断捨離など、次のセッションまでには解決が難しい課題を、「大きすぎる課題」と捉えてもらい、次回までにできそうかを考えてもらいます。精神論ではなく、行動できそうかという実証論をもとに、参加者の課題を一緒に考えていきましょう。重い腰を上げるには、活性化エネルギーを引き出す最初の一歩の課題設定が大切になります。まずは、「大きすぎる課題」をゴールに据えたうえで、「最初の一歩」の課題を設定し、動きの練習と活動の見積もりを体験するのもひとつの方法です。

　例えば、家じゅうの断捨離で、まず一番に思いつくのはどこでしょうか？　できれば最初は、狭い範囲で処理に迷いの少ないところから始めましょう。例えば、冷蔵庫の中をおすすめします。賞味期限が切れたものは捨てて、すっきりした気分を味わうところから始めましょう。失敗の少ない最初の一歩をまずは考えてみましょう。

# A2 面倒でも書き出すことで、計画が上手になることを伝えましょう

　ワークブック p.110〜113 の「面倒なことを 1 つ計画して実行する」に書き込むことで、大きな課題に圧倒されずに、それを小さな課題に分解して、順に取り組めるようになります。参加者の中には、書き出すことに面倒くささを覚える人もいるかもしれませんが、頭の中にある想いや計画は、書き出して外在化すると整理しやすくなること、また、目で見てわかると、何に集中すればよいのかを思い出しやすくなることを伝えてみましょう。

# Q39 私がやらなくちゃ……、そうやって いつも抱え込んでしまうんです

数日間にわたる大きな仕事（プロジェクト）をひとりでこなそうとする参加者がいます。客観的には周囲の手助けが必要そうに見えるのですが、どのように対応したらよいでしょうか。

## A1 全部ひとりで抱え込んでしまう背景を探ってみましょう

客観的に見て、周囲の手助けが必要な場合もあるのに、全部ひとりでやろうとするのはなぜでしょう？ そこには、参加者自身の「他者に相談する・頼る」という場面での認知のあり方が関係しているかもしれません。例えば、「これまで他人に期待しては裏切られた」「こんなことを頼むなんて、能力がないと見下される」「こんな私を手伝ってくれる人なんていない」という偏った認知や、自分を犠牲にしても他者を優先しなければならない、自分は愛されない、などの信念が行動の背景として考えられます。

集団の中で個別の認知モデルを精緻化するには限界がありますが、共に課題にチャレンジする仲間がいることは、何よりも参加者の動機づけになる可能性があります。他者に頼る・委ねるという体験のための行動実験として、プロジェクトを見直してもらいましょう。

## A2 相談することへの苦手意識をサポートしましょう

相談するという行為は案外難しいものです。相談の仕方に悩んでいるなら、事前に、どのようなプロジェクトなのか、どういう結果が欲しくて、どういうステップを踏むつもりなのか、どこが難しそうなのか、書き出すことを提案してみましょう。

書き出すことで、相談内容が今の自分のレベルに見合っているのか冷静に考えるきっかけになります。また、客観的に状況を整理することで、自分の得手不得手を把握しやすくなりますし、具体的に相手に何をしてほしいのかまで明確にできると、他者に自分の考えが伝わりやすくなります。相談することやサポートを受けることは大切なことだと肯定的に捉えられるよう、参加者を支援する必要があります。

　以下に、参加者が他者にお願いしてみるとよいサポートの具体例を示します。

### 【例1】　家族など、身近な人への協力を頼む

　これまで先延ばしにしてきたことや、自分ひとりの手に負えないと予想されることに取りかかる場合には、身近な人へ協力を仰ぐことを提案してみましょう。最初に、参加者がプロジェクトの内容・締め切りを宣言し、電話やメールで進捗状況をチェックしてもらえるか相談します。その際、できることなら相手方が具体的に「いつ・どこで・何を・どのようにチェックするか」まで書き出してから相談をもちかけます。頼まれる側にとって、受けられる相談なのかどうかを判断できる材料を用意するのです。

　家族、友達、職場の同僚・上司に協力を仰ぐ過程は、参加者自身のことを知ってもらうよい機会になると同時に、「頼んだことを快く引き受けてもらえた」など、人間関係について新たな情報を得る機会になるかもしれません。加えて、大切な誰かを気にかける時間は、誰にとっても案外幸せなものであると伝えてみてもよいかもしれません。

### 【例2】　身近な人だけでなく、必要な場合は社会資源も活用する

　例えば、引っ越しの場合、ひとりで最初から最後まで行おうとするのは現実的に無理です。大きな家具を動かすには人手が必要でしょうし、転居手続きのために役所へ行って、わからないことがあれば窓口で教えてもらうなど、そのつど何らかのサポートが必要となるかもしれません。ひとり

で抱え込むことは、先延ばしなどの回避行動を誘発する要因にもなります。セッションの中で、自分以外の人や物に頼ること、相手の力を信じることは大切なスキルだと肯定的に確認することも重要です。キーパーソンの有無を見直し、必要な場合は家事の代行業やヘルパーなどの福祉サービスを検討するなど、社会資源の活用を考えることも選択肢に入れてもらいましょう。

# あとまわし癖を克服しよう

## 第7回の目標

◉ **標準目標**（多くの参加者が目指す目標）

❶ あとまわし癖を克服するための行動計画を立てる。

◉ **配慮目標**（グループ内で進展がやや遅めの参加者が目指す目標）

❶ 生活必需品を決めた場所に置き続けるための方法を知る。

❷ あとまわしにしている物事を、ワークブックの例や他の参加者の発言から思い出す。

❸ あとまわしにしている事柄について、期限を決めることができる。

❹ あとまわしにしている事柄について、2つか3つのスモールステップに分解する。

❺ あとまわしにしている事柄について、自分で報酬を設定して、やる気を出すことができる。

◉ **上級目標**（グループ内で進展が速い参加者向けのステップアップ目標）

❶ 生活必需品を決めた場所に置き続けるための方法を知る。

❷郵便物やメール、書類や食料品、衣類など、流動する物の管理システムを構築する。

❸あとまわしにしていることについて、スモールステップに分解し、自分へのごほうびを設定する（自己報酬マネジメント）だけでなく、各ステップの所要時間を見積もり、予定として計画する。また、必然的にやらなければならない状況を設定したり、その課題そのものを楽しめるような工夫をしたりすることができる。

## 第 7 回の進行例

| 120分 | セッションの概要 |
|---|---|
| 10:00〜<br>(20分) | ルールの確認<br>シェア：前回の宿題のシェア<br>・宿題：「生活必需品の置き場所を決める」プロジェクトの予定を実行する（p.108〜109）<br>シェア：近況報告、前回のふりかえりを発表 1人2分弱 |
| 10:20〜<br>(40分) | ❶生活必需品を決めた場所に置き続けるために（p.116〜119）<br>・Gさんの例（p.116）を音読<br>・シェア：各自の片づけのリバウンド体験を発表（p.117）<br>1人1分<br>・片づけしてもリバウンドしてしまう原因と対処法（p.118）を解説<br>・「そのつど断捨離方式」のポイント（p.119）を解説<br>・シェア：整理整頓リバウンドの原因と対策 1人2分 |
| 11:00〜<br>(50分) | ❷あとまわし癖を克服する（p.120〜128）<br>・シェア：各自のギリギリのエピソードを話し合う（p.121）<br>10分<br>・ギリギリまで先延ばしにするあとまわしのメリット・デメリット分析（p.123）の記入 10分<br>・あとまわし癖を克服するためのヒント（p.126）を解説<br>・ワーク：あとまわしにしていることを実行するための行動計画を立てる（p.127〜129）20分<br>・シェア：行動計画を発表 1人1分 |
| 11:50〜<br>(10分) | 宿題の設定<br>・宿題：「あとまわしにしていることを実行するための行動計画」を実行する（p.129）<br>シェア：今日学んだことと感想を発表 1人1分 |
| 12:00 | 次回予告 |

第7章 あとまわし癖を克服しよう

111

# 第7回のつまずきがちな点と対処法 Q&A

以下のつまずきがちな点について見ていきます。

# Q40 あとまわしにしていることが
　　 思い浮かびません

　あとまわしにしていることをすぐに思い浮かべられない参加者がいます。これではワークを進められません。どのように対応したらよいでしょうか。

## A1 ワークブック p.121 のよくあるあとまわしについての例（あとまわし癖の例、あとまわしにすることの例）を見返して、ヒントを探しましょう

　大切なのは、全く思い浮かばないのかどうかを丁寧に確認することです。

### ❶ 全く思い浮かべられない場合
　前回（第6回セッション）での課題は何だったでしょうか？　重い腰を上げる必要のある課題は、それ自体が「あとまわしにしていること」と考えられます。前回のセッションで見つかった大切な課題です。引き続き、どんな場面で腰が重たくなるのか観察してもらいましょう。

### ❷ ぼんやりと思いつくけれど、人前で表明したり、書き出すことに抵抗がある場合
　ワークブック p.124〜125 を開いて、参加者のあとまわし癖についてまずはチェックをしてもらいましょう。最初から完璧を目指していたり、私にできるはずがない……そんなこともできないのかと否定されるのではないかと考えていたりすることが、先に進める力を弱化していることもあります。まずは、大きな目標でなく、10分あれば取りかかりたくなる小さな目標を設定して表明してもらいましょう。そして、今はまだ目標までの

スタート地点、通過点にいることを確認しましょう。失敗して目標を達成できないこともあるし、方向性が変わることもあるし、不安もあるけれど、このセッションに毎回参加し、実践しようとチャレンジしている——現状はそれで十分なことをグループ全体として認める雰囲気づくりが、参加者の抵抗を扱う方法のひとつだと思います。

# A2 スタッフが自己開示によって具体例を示しましょう

　グループを運営するスタッフ側が自分の困り事を話して具体例を示すことも、ときには有効です。例えば、夏目前なのに部屋に積まれた冬物クリーニングが場所をとっているとか、健康保険証を紛失したので再発行が必要だがすぐに受診しないし行く気がしないなど、参加者の年代・性別・場面から想定できそうな課題がスタッフ自身の身の回りにないか探してみましょう。参加者と意識的に具体例をシェアすることで、参加者自身が課題設定の仕方を学ぶ良い機会になるかもしれません。

# Q41 すぐできることと時間がかかることでは、宿題にするならどっちがいいですか？

第7回セッションの宿題として取り組んでもらうのは、あとまわしにしているけれどやろうと思えばすぐにできること、あるいは、時間がかかるし大変なのであとまわしにしていること、どちらがよいでしょうか。

## A1 成功体験に結びつきやすい課題から進めていきましょう

このプログラムの参加者は、時間管理や作業をあとまわしにして失敗を重ね、苦労されています。成功体験を積み重ねることができれば、プログラム終了後も「学んだやり方でやってみよう」という動機づけにもつながります。ですから、まずは、やろうと思えばすぐにできることから取り組むことを検討してもらいましょう。

## A2 時間がかかる大変な作業は隠れたステップを見極め、スモールステップで進めていきましょう

参加者の中には、「どうしても時間がかかる大変な作業から取り組みたい」と言う方もいます。その気持ちも受け止めたうえで、その作業を完遂するために工夫できることや、隠れたステップがないかどうかを見極め、リストアップしていきましょう（ワークブック第4章 p.72 の Q5 参照）。時間がかかる大変な課題こそ、「急がば回れ」で着実に達成できるようスモールステップで進めていきましょう。

# Q42 宿題は途中でつまずいて、できませんでした

「宿題だった『生活必需品の置き場所を決める』プロジェクトの予定を実行することは、途中でつまずいて完遂できませんでした。計画を立てたのですが、その日に急な用事が入って、一度予定が崩れたら、そのまま残りの作業ができませんでした。用具（必要なもの）を通販で頼んで、届かなかったのも一因です」。このように言う参加者にはどのように対応したらよいでしょうか。

## A1 予定が変更になることはよくあることです。その時点で、再度予定を立て直してもらいましょう

　参加者の方は、予定どおりに進まなかったことで自分を責めたり、落ち込んだりしている可能性が高いです。まずは、計画を立てたこと、取り組もうとしたことを肯定的に評価します。予定の変更はよくあることなので、その際に適切に対応できるかどうかが重要になります。参加者の方と、予定が変更になった場合の対応策について話し合いましょう。

　① 予定の変更にも慌てず、スケジュール帳タイムなどを使って、軌道修正する、
　② 今後のさらなる予定変更も視野に入れ、予備日を設定する、

　などが対応のポイントになります。また、途中で入った急な用事は、本当にそのとき対応しなければならないことだったのか、ということについても再度考えておくと、今後同様のことが起きた際の対応のヒントになるでしょう。

## A2 通信販売などで用具を注文する際には、到着予定日を必ず確認するよう促しましょう

　通信販売で用具を注文する際には、たいてい到着予定日を確認することができます。到着予定日を必ず確認して、参加者自身が立てた予定どおりに進めることができるスケジュールになっているか、見直してもらいましょう。注文時に、確実に受け取れる到着時間帯を設定することも役立つでしょう。もともと立てていた予定日よりも配送が遅れ、計画に変更が生じることがわかった場合は、その時点で計画を見直すよう促しましょう。

　品物を選ぶ際に、翌日到着が可能なものの中から選ぶようにすると、選択肢は減りますが、配送状況次第で予定を変更する手間や負担を減らすことができます。

# Q★43 宿題をあとまわしにしてしまいました

宿題をあとまわしにしてしまい、グループの中でもひとりだけ宿題のシェアができない参加者がいます。どのように対応したらよいでしょうか。

## A1 提出期限を少し早めに設けておき、その時点で提出がない場合にフォローしましょう

プログラムのセッティングにもよりますが、プログラムが週に1回だけで、その他の場面でスタッフとの接触がない場合には、宿題の提出をメールでお願いすることが多いかもしれません。その場合、その参加者には締め切りを次のグループセッションの日よりも数日早く設定しておくことをおすすめします。というのも、早めた締め切り日の時点で、参加者から提出がない場合には、宿題の難易度を下げたり、宿題のリマインダーを送ったり、宿題のつまずきがないかを尋ねてフォローしたりすることができるからです。こうしておけば、宿題忘れを事前に食い止めやすくなります。

## A2 どのようなプロセスであとまわしになったのかを分析することを宿題にしましょう

グループセッション当日までに宿題を終えることができなかった場合には、「なぜ宿題をあとまわしにしてしまったか」というプロセス分析をしてもらいます。「宿題は、できるかできないかというよりは、どのような点でつまずいたのかを知ることで、今後の時間管理に活かすためのものです」と説明しましょう。あくまでも、グループの中でひとりだけ宿題をすることができなかったという劣等感を刺激しないよう、サポートします。

第 **8** 章

# これからの自分とのつきあい方

## 第 8 回の目標

◉ **標準目標**（多くの参加者が目指す目標）

❶ 第 1 回で立てた目標をふりかえる。

❷ これまで学んできた時間管理スキルをおさらいする。

❸ 自分が希望する生き方や価値観に基づいた目標を立てる。

◉ **配慮目標**（グループ内で進展がやや遅めの参加者が目指す目標）

❶ 第 1 回で立てた目標と現在の自分を比較して、大まかに変化を捉える。

❷ チェック表を用いて、数値で変化を捉える。

❸ 学んだスキルのうち役立ったものについて復習し、今後使えるようにする。

❹ 自分の興味のある領域をワークブック p.141 の 8 つの領域の中から 1 つ選び、1 年後の目標をイメージする。

◎ **上級目標**（グループ内で進展が速い参加者向けのステップアップ目標）

❶第1回で立てた目標と現在の自分を比較して、またチェック表も活用しながら、変化と残った課題を把握する。

❷学んだスキルのうち、役立ったものについて今後どのような場面で使うことができそうか想定する。

❸残された課題について、他の参加者からもアイデアをもらいながら、解決策を考える。

❹8つの領域それぞれについて、長期的な目標を設定する。さらにそれらを年間目標、月間目標、週間目標に細分化する。

# 第8回の進行例

| 120分 | セッションの概要 |
|---|---|
| 10：00〜<br>（20分） | ルールの確認<br>シェア：前回の宿題のシェア<br>・宿題：「あとまわしにしていることを実行するための行動計画」を実行する（p.129）<br>シェア：近況報告、前回のふりかえりを発表 `1人2分弱` |
| 10：20〜<br>（30分） | ❶目標のふりかえり（p.132〜135）<br>・現在の時間管理をチェックして記入（p.132〜134）`6分`<br>・シェア：第1回で目標を立てた時点と今の違いについて発表（p.135）`1人3分` |
| 10：50〜<br>（40分） | ❷学んだスキルのふりかえり（p.136〜138）<br>・現在も困っている場面と解決法（p.137）の記入<br>・シェア：現在も困っていることを発表 `1人3分`<br>・ごほうびのふりかえり（p.138）の記入 |
| 11：30〜<br>（30分）<br><br>12：00 | ❸毎日を乗り切るための時間管理から、自分らしい時間管理へ（p.139〜141）<br>・なりたい自分：8つの領域（p.141）の記入 `15分`<br>・シェア：2人1組で「なりたい自分」のシェア `5分`<br>シェア：これまでの感想を発表 `1人1分` |

## 第 8 回のつまずきがちな点と対処法 Q&A

以下のつまずきがちな点について見ていきます。

Q44　最初に立てた目標を忘れていました

Q45　「なりたい自分」はどのように書いたらいいんですか？

Q46　いろいろ学びましたが、よく覚えていません

Q47　プログラム終了後に学んだことを維持できるか心配です

# Q*44 最初に立てた目標を忘れていました

　第1回セッションで立てた目標をふりかえってもらったときに、ある参加者が「立てた目標のことをすっかり忘れていた」と言いました。プログラムが終わるまで、達成したい目標を参加者に意識してもらうには、どのようにすればよかったのでしょうか。

## A1　目標を忘れないための工夫を初回セッション時に伝えましょう

　忘れないために、見える化の工夫をしましょう。目標を冷蔵庫、壁など見えるところに貼る、携帯電話やスマートフォンで写真に撮り、いつでも見られるようにする、といった工夫があるとよいでしょう。これを初回セッション時に参加者へ伝えます。できれば、毎回確認したり、セッションの中盤でリーダーが確認したりするとよいかもしれません。目標を確認すると、変化を実感しやすく、参加者のモチベーション維持につながります。また、途中で最初に立てた目標が高すぎることに気づいて、より現実的な目標へと変えるきっかけになるかもしれません。

## A2　プログラムの進行に伴い目標が変わることは良いサインだと伝えましょう

　最初に立てた目標と実際とが違ってくることはよくあります。そもそも目標設定が高すぎたり、目標とは違った結果となり落ち込んだりする参加者がいるかもしれません。しかし、実態がわかったことが大切で、目標が変わることは良いサインであるとフィードバックしましょう。また、目標設定が高すぎた場合には、開始当初と今の自分とを比較して、できているところに目を向けてもらうようにしましょう。

# Q45 「なりたい自分」はどのように 書いたらいいんですか？

なりたい自分（8つの領域：ワークブック p.141）を書くうちに、固い目標を列挙して、険しい表情になってしまう参加者がいます。こちらとしては、もう少し率直な希望を書いてほしいのですが、どのように対応したらよいでしょうか。

## A1 努力目標を書こうとしていないか確認しましょう

このワークをしていると、ときどき「こうあらねば！」「頑張ってこうしなくては！」と努力目標である自分ばかりを書いて、眉間にしわを寄せている参加者がいます。そうなると、書いていても楽しくありませんし、筆が進んでいないはずです。スタッフは、参加者が義務感で書こうとしていないかどうか、探ってみてください。よくみられる努力目標の例は、「あと5キロ痩せなければ」「ちゃんと貯金しなくては」「部屋をきれいにしなくては」「ちゃんと自炊しなくちゃいけない」といったものです。これらが間違っているわけではありませんが、「〜すべき」「〜しなければならない」といった思考にとらわれるあまり、自分の希望が見えなくなってしまっていることに問題があります。

スタッフが、「これからどんな人生にしたいですか？」「もし魔法で願いが叶うとしたら……」「一度しかない人生、どうせならこうしたい、というのはありませんか？」といった声かけで参加者を現実から少しだけ引き離すことができると、うまくいくかもしれません。

# Q46 いろいろ学びましたが、よく覚えていません

このプログラムで学んだスキルを思い出せないし、すべてを使いこなせているわけではないという参加者がいます。このままプログラムが終わると、学んだことを何も活かせないのではないかと心配になります。

## A1 まずは参加者にとって必要なスキルを選択して取り入れてもらいましょう

参加者の方が生活をよりよいものにするために、まず必要となるスキルは何でしょうか。そのスキルを生活に取り入れることで得られるメリットはどんなことかを整理しながら、必要なスキルから取り入れてもらいましょう。

取り組んだスキルを5段階で評価し、より効果的に感じたものや自分の生活に導入しやすいスキルから取り入れていくことも効果的です。

## A2 まずは生活に導入しやすいスキルから一覧表にして、見やすく整理するよう提案しましょう

学んだスキルのすべてに取り組もうとして、参加者は混乱しているかもしれません。取り組んだスキルを一覧表にして、見やすくまとめてみます。生活上のどの部分でどのスキルを活用できそうか、取り組んでみたいスキルはどれか、具体的にイメージするよう促してみましょう。

選択したスキルを、視覚化して目につきやすい場所に掲示するというのも効果的かもしれません。例えば、ついつい遅刻が多くなってしまう参加者の場合、第3回セッションで取り組んだ朝準備のタイムログ（ワーク

ブック第3章 p.52）をもとに考えた朝準備の手順を表にして、リビングなど目につく場所に貼り出すことで、意識的に取り組むことができるようになるかもしれません。

# A3 家族や友人、職場の同僚と取り組みを共有することを勧めましょう

　いざ取り組もうとしてもスキルをついつい忘れがちな参加者も多いものです。周りの人に「朝食を食べながらスケジュール帳をチェックして、1日のスケジュールを確認しようと思う」などと宣言することを提案します。もしかしたら、周りの人が参加者に、「今日はスケジュール帳チェックできた？」「どんなスケジュールなの？」と声かけをしてくれたりして、それがコミュニケーションのきっかけになるかもしれません。

# Q47 プログラム終了後に学んだことを維持できるか心配です

参加者が、プログラム終了後も学んだスキルを使い続けられるだろうかと心配しています。どのように対応したらよいでしょうか。

## A1 学んだスキルそれぞれについて、現時点でどの程度使えているか確認しましょう

参加者は、ワークブックの全8章を通して、さまざまなスキルを学んできました。その中には、参加者がすでに身につけて毎日使えているスキル、ときどき使えているスキル、全く使えていないスキルなどがあって、どの程度使えているかにはバラツキがあると思います。まずは、スキル別に使用状況をふりかえることが重要です。毎日使っているスキルはなぜ毎日使うことができているのか、ときどき使っているスキルはどんなときに使えてどんなときに使えていないのか、特定のスキルを全く使っていないのはどうしてなのかについて、スタッフと一緒に話し合うことが、学んだスキルを使い続けるための第一歩です。

## A2 定期的に時間をつくって、今現在の時間管理について見直してみるよう伝えましょう

ワークブックでは、次々と新しいスキルを学び、参加者のそのときの生活に最もフィットするような時間管理方法を検討しました。しかし、参加者の状況や生活のあり方は刻々と変化していきます。数カ月に1回程度時間をつくって、今現在の時間管理方法のうまくいっている点、うまくいっていない点、そして学んだスキルごとに現在の使用頻度などをふりかえっ

てみるように伝えましょう。そうすることで、そのまま継続すること、大幅修正あるいは微調整するべきことが見えてくるはずです。定期的にタイムログをとってみることもふりかえりに役立つでしょう。

## A3 時間管理について、定期的に報告しあう仲間を見つけるよう提案しましょう

　時間管理というテーマで、同じ問題意識をもつ仲間を見つけ、その仲間と定期的に近況報告しあうこともスキルを維持するための有効な手段となります。ワークブックにグループで取り組んだ場合は、最終回のセッション終了後に希望者同士で連絡先を交換し、その後もそれぞれの責任で連絡を取り合ってもよいかもしれません。

●著 者

中島美鈴（監修者参照）

稲田尚子（監修者参照）

谷川芳江（たにがわ よしえ）

　公認心理師、臨床心理士、社会福祉士、精神保健福祉士。2003年西九州大学大学院健康
福祉学研究科臨床心理専攻修了。佐賀県発達障害者支援センター結での勤務を経て、教
育福祉領域で臨床活動に従事。現在は、依存症回復支援施設ジャパンマック福岡に併設
するカウンセリングスペースやどりぎ、および福岡県庁職員相談室に勤務し、発達障害
をもつ働く大人や依存症を抱える人の回復支援に従事している。

山下雅子（やました まさこ）

　公認心理師、臨床心理士。2001年福岡県立大学大学院人間社会学研究科生涯発達専攻修
了。精神科クリニック、福岡県内の小中高等学校にて勤務ののち、2015年、NPOふく
おか子どものこころサポート研究所を設立し、発達障害をもつ乳幼児から成人（保護者）
までを支援している。

高口恵美（こうぐち めぐみ）

　公認心理師、社会福祉士、精神保健福祉士。2011年福岡県立大学大学院人間社会学研究
科修了。精神科病院、福岡県教育委員会などにおけるスクールソーシャルワーカーとし
ての勤務を経て、現在は西南女学院大学保健福祉学部福祉学科の専任講師。主な著書に
『学校ソーシャルワーク演習―実践のための手引き―』（分担執筆、ミネルヴァ書房）な
どがある。

前田エミ（まえだ えみ）

　看護師。医療法人ましき会 益城病院、熊本県立こころの医療センターでの勤務を経て、
2012年より医療法人要会かなめクリニックに勤務し、リワークデイケアを担当している。

●監修者

中島美鈴（なかしま みすず）

公認心理師、臨床心理士。心理学博士。2020 年九州大学大学院人間環境学府人間共生システム専攻博士後期課程修了。肥前精神医療センター、東京大学駒場学生相談所、福岡大学人文学部などでの勤務を経て、現在は肥前精神医療センター臨床研究部にて成人期の ADHD の認知行動療法の研究に従事。『ADHD タイプの大人のための時間管理ワークブック』（共著、星和書店）、『成人 ADHD の認知行動療法』（共訳、星和書店）など、著訳書多数。

稲田尚子（いなだ なおこ）

公認心理師、臨床心理士、認定行動分析士。心理学博士。2007 年九州大学大学院人間環境学府人間共生システム専攻心理臨床学コース博士後期課程修了。国立精神・神経医療研究センター、東京大学医学部附属病院こころの発達診療部、Southwest Autism Research & Resource Center などを経て、2018 年より帝京大学文学部心理学科専任講師。乳幼児から成人まで、発達障害児者のアセスメントや支援に携わる。主な著書に『ADHD タイプの大人のための時間管理ワークブック』（共著、星和書店）などがある。

ADHD タイプの大人のための時間管理プログラム
スタッフマニュアル

2020 年 12 月 10 日　初版第 1 刷発行

監 修 者　中島美鈴，稲田尚子
著　　者　中島美鈴，稲田尚子，谷川芳江
　　　　　山下雅子，高口恵美，前田エミ
発 行 者　石 澤 雄 司
発 行 所　株式会社 星 和 書 店
　　　　　〒 168-0074　東京都杉並区上高井戸 1-2-5
　　　　　電話　03（3329）0031（営業部）／ 03（3329）0033（編集部）
　　　　　FAX　03（5374）7186（営業部）／ 03（5374）7185（編集部）
　　　　　URL　http://www.seiwa-pb.co.jp

印刷・製本　中央精版印刷株式会社

# ADHDタイプの大人のための
# 時間管理ワークブック

なぜか「間に合わない」「時間に遅れる」
「約束を忘れる」と悩んでいませんか

中島美鈴，稲田尚子 著

A5判　176p　定価：本体1,800円＋税

いつも遅刻、片づけられない、仕事が山積みでパニック
になる、と悩んでいませんか。日常によくある困った場面
別に学べるので、改善が早い！　ひとりでも、グループ
セラピーでも使用できるように構成されています。

# セルフ・コンパッションの
# やさしい実践ワークブック

２週間で、つらい気持ちを穏やかで
喜びに満ちたものに変化させる
心のトレーニング

ティム・デズモンド 著　中島美鈴 訳

A5判　176p　定価：本体1,700円＋税

たった２週間でつらい気持ちを解消する心のトレーニン
グ方法「セルフ・コンパッション」の実践ワークブック。
アメリカで注目を集めている“幸せを身につける方法”
をフローチャートや実践例を交えてわかりやすく解説。

発行：星和書店　http://www.seiwa-pb.co.jp

# 集団認知行動療法実践マニュアル

中島美鈴，奥村泰之 編
関東集団認知行動療法研究会 著

A5判　212p　定価：本体2,400円＋税

集団認知行動療法（集団CBT）の定義、エビデンス、今後の課題から、集団 CBT のプログラムを立ち上げるまでのノウハウ、具体例、困難例とその解決策まで、集団 CBT の A から Z を知ることができる。

# 成人ADHDの認知行動療法

実行機能障害の治療のために

メアリー・V・ソラント 著
中島美鈴，佐藤美奈子 訳

B5判　228p　定価：本体2,600円＋税

本書は、ADHDを持つ人が日常生活において時間をうまくやりくりし、整理整頓をし、計画を立てるための能力を高めることを目的とした治療プログラムを紹介する。ワークシートも豊富な治療マニュアル。

発行：星和書店　http://www.seiwa-pb.co.jp

# 自信がもてないあなたのための
# ８つの認知行動療法レッスン

自尊心を高めるために。
ひとりでできるワークブック

中島美鈴 著

四六判　352p　定価：本体1,800円＋税

マイナス思考や過剰な自己嫌悪に苦しんでいるあなたへ
――認知行動療法とリラクセーションを組み合わせたプログ
ラムを用いて解決のヒントを学び、実践することで効果を
得る記入式ワークブック。

# くよくよ悩んでいるあなたにおくる
# 幸せのストーリー

重〜い気分を軽くする
認知行動療法の34のテクニック

中島美鈴 著

四六判　304p　定価：本体1,700円＋税

本書は、気分が落ち込んだり、人間関係で悩んだりす
る女性が、「認知行動療法」のテクニックを使って、問
題を解決していく23の話から成り立っている。読むだけ
で気分が軽くなり、幸せな日々への道しるべに。

発行：星和書店　http://www.seiwa-pb.co.jp

# もういちど自分らしさに
# 出会うための10日間

自尊感情をとりもどすためのプログラム

デビッド・D・バーンズ 著

野村総一郎，中島美鈴 監修・監訳

林 建郎 訳

A5判　464p　定価：本体2,500円＋税

『いやな気分よ、さようなら』の著者バーンズ博士による
わかりやすい認知行動療法の練習帳。10日間の日常練
習を行うことで、心の様々な問題を解決し、自信も得ら
れるようにデザインされている。

# もういちど自分らしさに
# 出会うための10日間
# リーダーズマニュアル

自尊感情をとりもどすためのプログラム

デビッド・D・バーンズ 著

野村総一郎，中島美鈴 監修・監訳

林 建郎 訳

A5判　368p　定価：本体3,500円＋税

『もういちど自分らしさに出会うための 10日間』のプログ
ラムを集団で行うセラピストのために書かれたマニュアル
である。集団認知行動療法の経験の浅い治療者でも本
書があれば上手に実践できる。

発行：星和書店　http://www.seiwa-pb.co.jp

# 大人のADHDワークブック

ラッセル・A・バークレー,
クリスティン・M・ベントン 著
山藤奈穂子 訳
A5判　352p　定価：本体2,600円＋税

集中できない、気が散る、片付けられない、計画を立
てられない、時間の管理ができない、などの大人の
ADHDの症状をコントロールし、人間関係を好転させる
ためのヒントが満載。ADHDの最新の解説も詳しい。

# おとなの発達症のための
# 医療系支援のヒント

今村 明 著
A5判　240p　定価：本体2,800円＋税

長崎大学病院地域連携児童思春期精神医学診療部
教授・今村明は、「発達症担当」という立場にあり、
多くの発達症の人を支援してきた。本書は、発達症の
診療を始める医師や臨床心理士に読んでもらいたい著
者手作りの覚え書き。

発行：星和書店　http://www.seiwa-pb.co.jp